주식투자 경험이
많지 않은
김 팀장은

어떻게 **1년 만에**
해외 투자로
성공했을까?

주식투자 경험이 많지 않은 김 팀장은

미국 주식부터 중국,
일본, 인도, 베트남까지
한 권으로 끝내는
해외 투자 길잡이

오인석
이승희 지음

어떻게 1년 만에 해외 투자로 성공했을까?

목차

1장 | 글로벌 경제를 주도하는 미국

2장 | 떠오르는 신흥 강자, 중국

3장 | 경제 개방에서 뒤쳐진 일본

4장 | 장기 전망이 밝은 인도와 베트남

5장 │ 대체투자 및 원자재

부록

추천사

→ 유례없는 글로벌 팬데믹으로 인해 위기에 빠진 세계 경제와 글로벌 증시가 각국 정부와 중앙은행들의 강력한 부양정책으로 2021년까지는 강한 회복 탄력성을 보였다. 그러나 2022년 들어 공급망 문제 등이 불거지면서 유가 급등, 환율 급변동, 높은 인플레이션과 그에 대한 정책 대응으로서의 금리 인상, 통화 긴축 같은 변수들이 등장함에 따라 세계 경제가 다시 둔화하면서 시장도 등락을 거듭하고 있다. 자산관리가 더욱 어려워지고 기본을 되짚어보려는 노력이 중요한 시기에 때마침 출간되는 이 책은, 핵심 경제지표뿐만 아니라 테마까지 알기 쉽게 설명하고 있어 어두운 바닷길을 비춰주는 등대 같은 역할을 할 것으로 기대한다.

KB금융지주 부회장 **허인**

→ 은퇴 이후는 물론, 일생 동안 지속 가능한 경제생활을 위해 자산관리에 대한 관심은 그 어느 때보다도 높아지고 있다. 국내외 유수 금융기관에서 오랜 투자자문 경험을 쌓은 저자는 자산관리에 필수인 글로벌 경제와 시장에 대한 면밀한 분석과 전문 지식을 바탕으로 기본적이면서도 중요한 해외 투자 방안을 제시하고 있다. 따라서 불확실하고 변동성이 높은 시장 상황에서 요구되는 전문 지식이나 정보가 부족할 수밖에 없는 대부분의 일반 투자자들에게 적극적으로 추천할 만하다.

칸타 월드패널 한국대표 **오세현**

→ 은행과 운용업계를 두루 거치면서 베테랑다운 경험을 바탕으로 쉽고 체감할 수 있는 투자 전략을 제시해오던 저자가 투자자를 위해 책을 저술했다는 소식을 듣고 매우 반가웠다. 기대했던 대로 책 내용도 아주 알차다. 미국, 중국, 그리고 요즘 들어 주목받기 시작한 동남아시아 시장은 물론, 신재생 에너지, 암호 화폐, 대체 투자까지 투자자들이 관심을 기울일 만한 다양한 테마들이 망라되어 있어 이 책 한 권만으로도 많은 궁금증이 해결된다. 시장은 계속 변하지만, 그때그때의 충동이 아닌 정확한 정보를 기반으로 의사결정

을 내려야 한다는 투자의 핵심은 늘 같다. 똑같은 주식을 사고 똑같은 펀드에 투자한다고 하더라도 알고 하면 투자, 모르고 하면 투기다. 독자분들이 이 책을 잘 읽고 투자에 성공하기를 바란다.

마이다스자산운용 대표 강봉모

⟶ 전 세계 주식시장에서 국내 시장이 차지하는 비중은 채 2%에도 미치지 못하고, 국내 전체 상장사 시가총액을 모두 합해도 애플 주식 한 종목보다 작은 것이 현실이다. 국내 투자자가 해외 투자를 병행하면 더욱 안정되고 효율적인 자산 배분 기반의 포트폴리오를 구축할 수 있어 해외 투자는 선택이 아닌 필수다. 이 책은 투자자가 어떻게 해외 투자를 해야 하는지에 대한 고민을 말끔히 해결할 수 있도록 알기 쉽게 설명한다. 해외 지역별, 섹터별, 테마별 특성과 시장 구조를 잘 정리하고 투자 가능한 상품까지도 추천한다. 이런 좋은 지침서가 왜 이제야 나왔는지 아쉽기까지 하다.

KB자산운용 본부장 이석희

⟶ 이 책은 경제 대국인 미국과 중국뿐만 아니라 인도, 베트남 등 장기 성장이 기대되는 나라, 그리고 대체 투자까지 폭넓은 분야의 핵심적인 부분을 알기 쉽게 기술하고 있다. 따라서 해외 투자에 대한 이해를 돕기 위한 훌륭한 지침서로서 글로벌 투자 지평을 넓혀 자산 증식을 추구하는 투자자분들에게 유용한 나침판 역할을 할 것으로 확신한다.

교보악사자산운용 본부장 **이상진**

⟶ 바야흐로 휴대폰 하나로 전 세계 곳곳의 다양한 자산에 손쉽게 투자할 수 있는 시대다. 하지만 자칫 요란한 뉴스와 단편적 정보에 휩쓸리다 보면 소중한 자산을 어이없이 잃어버리기에 십상이다. 저자는 탄탄한 업력과 특유의 꼼꼼함으로 꼭 알아야 하는 전 세계 핵심 지역과 최신 투자 테마를 쉽고 흥미진진하게 풀어준다. 이 책이 글로벌 투자 시대에 든든한 길잡이가 되어줄 것으로 확신한다.

삼성자산운용 본부장 **장준호**

→ 지난 2년간 전대미문의 코로나 확산에 시달렸던 우리는 이제 전 세계적인 물가 상승과 금리 인상, 이에 따른 경기 침체 우려 등 다양한 이슈에 시달리며 투자 자산의 가치가 하락하는 고통을 다시 경험하고 있다. 한국종합주가지수와 전 세계 주식시장 지수들이 구석구석 가리지 않고 떨어지면서, 한때 동학개미와 서학개미들이 나란히 즐기던 온갖 대박 스토리가 이제는 먼 과거 일처럼 느껴지기도 한다. 지난 20년간 지켜본 투자시장의 역사에서 이런 일들은 늘 비일비재하게 일어났다. 그럼에도 불구하고 이러한 힘겹고 고통스러운 경험은 언제나 새로운 느낌으로 다가오는 듯하다. 이럴 때일수록 그동안의 쉬운 성과에 맛들였던 게으른 투자 태도를 반성하고 몰랐던 사실을 부지런히 찾아보며 투자에 대해 더욱 깊이 공부해야겠다는 결심을 하게 된다. 때마침 이런 반성과 결심을 하던 차에, 이 책은 우리가 조금 더 편하게 해외 투자에 대한 이해와 업데이트를 보완할 수 있도록 돕는 가뭄에 단비 같은 역할을 할 것으로 기대된다. 무엇보다도 지금처럼 어려운 시기에, 이미 내지른 투자나 앞으로 실행할 투자에 대해 고민이 많은 분께 아는 만큼 성공한다는 진리를 전하며 이 책을 추천하고 싶다.

슈로더투자신탁운용 본부장 **사공창한**

→ 한국을 대표하는 축구선수인 손흥민은 센추리클럽에 가입하고 2022년 EPL에서 아시아 선수 최초로 득점왕에 올랐지만, 그의 부친이자 스승인 손정웅 씨는 언론 인터뷰에서 "아직 월드클래스가 아니다. 더 노력하고 발전해야 한다"라고 강조했다. 손정웅 씨는 기존 훈련 방식과는 달리 손흥민에게 패스, 드리블, 슛 등 세 가지 기본기 훈련만 7년 동안 시킨 것으로 유명하다. 그가 기본기를 강조한 이유는, 기본기가 슬럼프나 힘든 상황을 극복하는 원천적 힘이기 때문이다. 투자에서도 어려운 상황일수록 "기본으로 돌아가라 (Back to the basics!)"라는 말을 자주 한다. 투자의 기본은 이용 가능한 모든 정보를 바탕으로 미래 불확실성을 합리적으로 평가하고 허용 가능한 위험 수준에서 투자 가능한 자산에 자금을 배분하는 것이다. 이 책은 해외 시장에 대한 이해와 분석이 가능하도록 핵심 정보와 투자 지표에 대해 자세하면서도 쉽게 설명할 뿐만 아니라 투자 대안까지 제시함으로써 독자들이 해외 투자에 대한 기본기를 충실히 닦을 수 있도록 돕는 지침서다. 탄탄한 기본기를 제공하는 이 책을 통해 독자분들이 시장에 대한 두려움을 극복하고 장기적 자산관리에서 월드클래스 반열에 오르기를 기대한다.

하나UBS자산운용 본부장 **김종욱**

어느 날 필자의 대학생 아들과 모처럼 저녁식사를 같이 했다. 함께 밥을 먹는 동안 이런저런 이야기를 나누던 와중에 아들이 과외를 여러 개 해서 용돈을 벌고 있다는 사실을 알았다. 이 얘기를 듣고는 대견스럽기도 해서 학생들을 가르치는 일이 힘들지 않느냐면서 어깨를 두드려주었다. 그리고는 과외를 여러 개 했으면 돈을 어느 정도 모았을 것 같다는 생각에 지금까지 얼마나 벌었는지 물었다. 그랬더니 대략 월평균 3백만 원씩 벌고 있고 모은 돈은 1천만 원 정도 된다고 했다.

1천만 원이면 무언가에 투자하고 있을 것이라는 추측에 그 돈을 어떻게 굴리고 있는지 아들에게 되물었고, 전혀 예상치 않은 답을

들었다. '해외 주식'을 샀다는 것이었다. 하지만 스스로 분석하고 나서 투자한 게 아니라 친구 말만 듣고 샀다고 했다. 필자는 이 말에 깜짝 놀라 현재 수익인지 손실인지 궁금하다고 했더니 다행히도 약 5% 정도 수익이 난 상태라고 알려주었다. 그렇더라도 제대로 분석하지 않고 투자하는 자세는 바람직하지 않을 뿐만 아니라 위험할 수 있으니 지금 바로 처분하고 스스로 분석을 한 뒤에 제대로 투자하면 좋겠다고 조언해주었다.

요즘은 젊은 층의 투자자들도 해외 주식에 관심이 많지만, 위 사례처럼 무엇을 어떻게 투자해야 하는지 잘 모르고 무작정 시작하는 사례가 종종 있다. 해외 주식투자가 인기를 끈 이유는 해외증권을 중개하는 증권회사들이 앞다투어 해외 주식투자를 소개했기 때문이기도 하지만, 각종 비대면 모바일 매체를 통한 정보 접근이 이전보다 더욱더 쉬워졌기 때문이기도 하다.

해외는 넓고 투자할 곳도 대상도 각양각색이다. 금융시장이 성숙된 선진시장도 있고 덜 성숙된 신흥시장과 프런티어시장이 있다. 따라서 해외 투자를 할 때에는 각 시장의 특성을 미리 분석하고 비교한 뒤에 투자해야 한다.

"위험은 당신이 무엇을 하는지 모를 때 온다." 이는 투자의 대가

인 워런 버핏(Warren Buffet)이 한 말이다. 투자를 하기 전에 금융시장과 경제에 대해 공부를 해야 한다는 이야기다. 물론 많이 공부한다고 투자수익률이 높아진다는 보장은 없다. 하지만 투자를 하기 전에 어느 정도의 기초지식은 익혀야 한다. 이는 사업을 시작하기 전에 사전분석을 해야 하는 이치와 같다. 1~2백만 원 정도 드는 5박 6일 해외여행을 갈 때에도 항공이나 숙박을 이리저리 비교하지 않는가? 하물며 수천만 원, 수억 원을 투자하는데 공부하지 않고 남의 말만 믿고 투자할 수는 없다. 더욱이 어느 투자 수단이든 위험이 어느 정도인지 미리 가늠해보고 투자해야 한다. 개별주식은 물론이고 주식형 금융상품도 수십 퍼센트의 손실이 발생하기도 한다. 물놀이를 할 때에도 어디가 얕고 어디가 깊은지 미리 알면 사고 위험을 줄일 수 있는 것과 같은 이치다.

필자는 위와 같이 경험이 적은 투자자들이 올바르게 해외 투자를 시작할 수 있는 길잡이가 될 수 있기를 기대하는 마음으로 이 책을 집필했다. 국내 투자자들 사이에 아주 관심이 많은 미국과 중국에 대해 가장 많은 지면을 할애했다. 아울러 장기 성장성이 양호한 글로벌 투자 테마인, 재생에너지, ESG(Environment환경, Social사회책임, Governance지배구조), 2차 전지, 전기차, 메타버스 등에 대해서도 다뤘

16

다. 이뿐 아니라, 세계 경제를 이끄는 미국이 발표하는 여러 핵심 경제지표와 통화정책에 대해서도 설명하고, 투자자라면 꼭 익혀야 하는 기본적인 몇몇 재무지표도 알기 쉽게 풀어 썼다. 더불어 투자에 있어서 양념이라 할 수 있는 팩터 투자(Factor Investment)도 곁들였다.

아직은 작지만 높은 경제 성장률을 구가하는 인도와 베트남에 대해서도 핵심적인 내용을 정리하면서 시중에 판매되고 있는 인도 및 베트남 펀드 몇 가지도 간단히 소개했다. 뒷 부분에서는 최근 떠오르고 있는 대체투자(Alternative Investment)와 원자재(Commodities) 투자 상품을 정리했다. 대체투자는 원자재 외에는 리츠, 인프라까지 아우르는 개념으로 인플레이션을 헤지하는 자산으로 자주 활용된다. 마지막 부분에는 부록으로 간접투자상품인 펀드와 주가연계증권(Equity Linked Securities)에 대해서도 간략히 설명하면서 여러 투자상품 예시까지 제시해 초보 투자자들에게도 도움을 주고자 했다.

시장, 경제, 금융상품 분석도 중요하지만 투자 원칙과 투자에 임하는 자세는 훨씬 더 중요하다. 가장 중요한 원칙 중 하나는, 위험을 감내할 수 있는 수준까지만 투자해야 한다는 점이다. 투자를 한 뒤 두어 달 지나 수익률을 살펴보니 -20%였다고 하자. 원금이 500만 원이었다면 손실은 100만 원에 그치지만, 원금이 5억 원이라면 손실이 1억 원에 이른다. 100만 원 손실은 쉽게 감내할 수 있지만 1억 원은 견디기 어려울 수 있다. 아울러 투자 원금에 얽매일 필요가 없다. 현재는 손실 상태라도 더 나은 투자 대상이 있다면 갈아탈 수 있는 유연한 자세를 지녀야 한다. 원금이 회복될 때까지 계속 고집하다 보면 강산이 변할 수도 있다.

모쪼록 이 책이 해외 투자를 시작하는 분들에게 바람직한 길잡이가 될 수 있기를 바란다.

오인석

이승희
프롤로그

화창한 5월 북한산으로 산행을 했다. 간만에 찾은 북한산 산자락이 반갑고, 삼삼오오 등산객들의 모습에서 활기가 느껴졌다. 새파랗게 돋아난 나뭇잎과 밟히는 돌덩이 하나까지 모두 반갑고, 정상에서 바라보는 북한산의 풍경도 여전했다.

모든 것이 예전의 모습 그대로 유지하고 있는 것 같았는데, 하산 길에 즐겨찾던 식당이 문을 닫은 것을 확인했다. 식당이 폐쇄되었고 공원으로 정비된다는 국립공원의 안내문이 눈에 띄었다.

"아. 여기도 변한 곳이 있구나."

다시 한번 눈앞에 펼쳐진 북한산 봉우리들을 감상하며 지난 몇 년간 일들을 생각해 보았다. 예상하지 못했던 트럼프 대통령 당선

부터, 미국과 중국간 무역 전쟁, 마이너스 금리, 코로나19 창궐, 빚투(빚내서 투자) 열풍, 기상 이변과 친환경 산업의 부각, 우크라이나 전쟁, 인플레이션 대두, 연준 통화 긴축 선회, 나스닥과 암호화폐 급락까지 몇 년 사이에 정말로 많은 사건들과 그로 인해 금융시장에 정말로 많은 변화들이 있었음을 실감했다.

필자는 해외 투자에 대한 책을 준비하면서 여러 주제에 대해 내 나름의 시각으로 이야기를 풀어내고 싶었다. 나름대로 열심히 준비했다고 생각한다. 당장의 현상에 집착하기보다는 가능한 큰 안목에서 주제들을 살펴 보고 싶었고, 딱 부러지게 결론을 내리기보다는 균형있는 시각을 제시하려고 했다.

하지만 원고를 마감하고 몇 번의 계절이 지나 프롤로그를 쓰고 있는 지금은 뿌듯한 마음 보다는 마치 시험을 마치고 채점 결과를 기다리는 학생처럼 불안한 마음이 앞선다.

〈1장 글로벌 경제를 주도하는 미국〉에서 전세계 자본시장을 주도하고 있는 미국시장을 중심으로 금융시장 분석을 위해 꼭 필요한 경제와 금융관련 지표에 대해 설명했다. 그리고 ESG, 신재생 에너지, 2차 전지, 메타버스 등 미래를 이끌어 갈 신성장 산업에 대해서도 살펴 보았다. 예전에 비해 현재 이들 산업에 대한 투자 열기가 주춤해진 상황이지만, 장기적으로 신성장 산업이 미래를 이끌어갈 것이란 사실에는 대부분 공감할 것이다. 끝으로 자산버블과 통화정책 정상화에 대해서도 언급했다. 집필할 당시에는 금리 인상과 통화정책 정상화 이슈가 크게 부각되지 못했다. 하지만 지금은 과연 자산버블이 터질 것인가, 금리 인상으로 경기침체가 도래할 것인가 하는 문제가 가장 중요한 화두가 되고 있다.

〈2장 떠오르는 신흥 강자, 중국〉에서는 공산국가이자 세계 2위 경제 대국인 중국 경제의 양면성에 대해 고찰하였다. 중국 정부가 지원하고 있는 전기차와 반도체 등 첨단 제조업에 대해 살펴보았고, 다른 한편으로 중국이 직면하고 있는 공동 부유론와 중진국 함정에 대해서도 짚어보았다. 〈3장 경제 개방에서 뒤쳐진 일본〉에서는 어떻게 세계 일류 선진국이었던 일본이 이제는 선진국 지위 유지를 걱정해야 하는 처지가 되었는지 경제 개방이라는 시각에서 살펴보았다. 〈4장 장기전망이 밝은 인도와 베트남〉에서는 인도의 인구 구성과 정부의 ITC 정책, 외국인 직접투자 상황을 살펴보고 왜 인도의 잠재력에 주목해야 하는지 설명했다.

부족함이 있는 글이지만, 독자 여러분의 글로벌 투자에 대한 이해에 조금이라도 도움이 되었으면 하는 마음이다.

이승희

1장

글로벌 경제를 주도하는 미국

해외 투자는
미국이 먼저다

요즘 해외 투자를 하는 서학개미 열풍이 거세다. 과거에는 해외 투자를 하는 일본 개인투자자를 와타나베 부인, 우리나라 개인투자자를 김여사라 불렀다. 하지만 이제는 남녀노소 가리지 않고 누구나 해외 투자를 한다. 다음은 얼마 전 미국의 테슬라(Tesla) 라는 주식을 매수한 어느 투자자의 이야기다.

"명식아, 요즘 해외 투자가 인기라는데 너도 하니?"

"응. 테슬라(Tesla) 주식을 조금 샀어."

"나름 쏠쏠했겠네? 그 종목 주가가 많이 올랐다고 들었는데."

"주가가 500달러일 때 샀는데 지금은 600달러가 넘어서 조금 이익이야."

"아 그래? 정말 잘 투자했구나."

"운이 좋았지. 앞으로 전기차 시장이 더욱 커질 것 같아서 샀는데
주가가 올라서 다행이야."

"나도 투자해볼까?"

"여윳돈이 있으면 조금 해봐, 부담스럽지 않은 금액이라면 개별종
목 직접투자도 괜찮을 것 같아."

우리나라 개인투자자들이 가장 많이 산 해외주식 가운데 하나가
바로 테슬라(Tesla)이다. 테슬라는 남아프리카공화국 출신의 괴짜 사
업가인 일론 머스크(Elon Musk)가 이끄는 전기차 생산업체다. 이 회
사는 전기차라는 새로운 영역을 개척해 포드(Ford), 제너럴 모터스
(General Motors)같은 기존 자동차 공룡들과 힘겨운 싸움을 하면서
10년 넘게 적자에 허덕였다. 하지만
전세계에 친환경이라는 훈풍이 불면
서 마침내 2020년부터 흑자로 돌아
섰다. 과거 테슬라 주가는 오랫동안
100달러를 밑돌며 기관투자자의 주요 공매도* 대상이었다.

> • **공매도**란 주식을 빌려서 매도하는 거래를 말한다. 나중에 주가가 떨어졌을 때 재매수하여 빌린 주식을 되갚으면 차익을 볼 수 있다. 기업 체질이나 이익 전망에 비해 주가가 비싸다고 판단될 때 공매도 대상이 되는 사례가 많다.

하지만 흑자로 전환될 수 있다는 기대가 커지며 2019년 말 100달

러를 돌파하더니 이후 가파르게 치솟아 주가가 2021년 11월에는 최대 1,200달러까지 오르기도 했다. 이처럼 순식간에 주가가 폭등하는 모습을 지켜본 우리나라 서학개미들도 너도나도 매수 열풍에 동참했다. 당시에 투자한 투자자들이 실제 얼마나 수익을 낼지는 결국 시간이 말해줄 것이다. 테슬라에 대한 미국 애널리스트들의 주가전망은 천차만별이다. 현 주가가 적정하거나 비싸다는 전망이 있는가 하면, 혁신기업 위주로 집중 투자하는 ETF(Exchange Traded Fund)로 유명한 아크 인베스트먼트 (ARK Investment)는 지금 수준의 주가가 저렴하다며 목표가를 3,500달러로 제시하기도 했다.

과거 "Made in USA" 하면 맥도날드 햄버거, 코카콜라, 리바이스 청바지가 떠오르던 시절이 있었다. 요즘은 어떠한가? 유튜브, MS 오피스, 아이폰(iPhone), 맥북, 인스타그램, 넷플릭스, 아마존 직구 등 우리가 거의 날마다 접하는 수많은 제품과 서비스를 지구 반대편에 있는 미국 회사들이 제공하고 있다.

아울러, 미국에는 세계 최고 유명 대학과 대학원이 몰려있다. 이러다보니 전세계 우수 인재들이 아메리칸 드림을 꿈꾸며 미국으로 모여든다. 기업 경영의 투명성도 세계 최고 수준이다. 또한 미국은 주주를 가장 중요시하는 문화도 잘 형성되어 있다. 이는 투자자들

입장에서 아주 유리한 부분이다. 기업이 어려울 때 구조조정을 포함한 비용절감 노력을 하면 주가에 긍정적 영향을 끼칠 수 있기 때문에 이는 소액주주들에게도 좋다.

기업의 이해관계자는 주주, 경영진, 종업원, 거래처, 감독기관, 정부 등 다양한데 아시아와 유럽에는 주주보다는 노조로 대표되는 종업원의 힘이 매우 강한 회사가 많다. 공산주의 체제에서는 민간기업 대한 정부의 입김이 강한 편이다. 세계 최대 전자상거래 업체인 알리바바(Alibaba)는 최근 중국 정부의 영향을 크게 받았다. 실제 핀테크(fintech) 자회사인 앤트 그룹(Ant Group)의 홍콩 상장을 정부가 막기도 하고 심지어 알리바바가 보유한 동사 지분을 매각하도록 압박하기도 했다.

미국 주식투자의 가장 큰 의미는 우선 투자 영토의 확대라고 생각된다. 국내에도 좋은 주식들이 많지만, 우리나라 주식시장이 전세계 시가총액에서 차지하는 비중은 2%를 넘지 못한다. 만약 우리가 국내 주식투자에만 만족한다면 나머지 98%를 포기하는 셈이다. 미국은 우리가 가장 먼저 고려해야 하는 시장 가운데 하나다. 경제 규모뿐만 아니라 주식시장 규모도 세계 최대다. 미국 GDP(국내총생산)는 전세계 GDP의 약 25%를 차지하고 있고, 주식시장 시가총액도 전세계 시가총액의 약 56%나 차지하고 있다. 따라서 미국 주식에 발을 들여놓는다면 자연스럽게 나의 투자 레이더와 영토가 넓어지게 되는 것이다. 따라서 진정한 글로벌 투자자라면 미국 주식을 빼놓고 얘기할 수 없다.

미국 주식시장은 단순하게 외형적인 규모만 큰 것이 아니다. 기업의 질적 수준도 최상급이라고 할 수 있다. 따라서 미국 주식투자는 양질의 우수한 기업들에 대한 투자 기회의 문을 열어준다는 점에서 의미가 크다. 애플이나 마이크로소프트, 아마존, 구글 같은 거대 기업들은 우리나라뿐만 아니라 세계에서 모르는 사람이 없을 정도로 명실상부한 글로벌 기업이다. 전세계 주식 중 시가총액 상위 10개 종목을 나열하면 다음과 같다. 1위 애플, 2위 마이크로소프트, 3위 아람코, 4위 구글, 5위 아마존, 6위 페이스북(메타), 7위 테슬라, 8위 버크셔 헤더웨이, 9위 텐센트, 10위 알리바바 등이다. 나열한 10개 종목 중 3위 아람코(사우디아라비아)와 9위 텐센트(홍콩), 10위 알리바바(홍콩)를 제외한 나머지 7개 종목이 모두 미국 기업이다.

이뿐만 아니라 BCG(보스톤컨설팅그룹)에서 해마다 선정하는 전세계 혁신 기업 순위에도 미국 기업들이 압도적으로 상당수를 차지하고 있다. 2021년도 상위 10대 혁신 기업을 순위대로 살펴보면, 1위

2021년 글로벌 혁신 기업 순위					
1	Apple	18	Target	35	Marck & Co.
2	Alphabet	19	HP	36	Bovartis
3	Amazon	20	Johnson & Johnson	37	Ebay
4	Microsoft	21	Toyota	38	PepsiCo
5	Tesla	22	Salesforce	39	Hyundai
6	Samsung	23	Walmart	40	SAP
7	IBM	24	Nike	41	Inditex
8	Huawei	25	Lenovo	42	Moderna
9	Sony	26	Tencent	43	Philips
10	Pfizer	27	Procter & Gamble	44	Disney
11	Slemens	28	Coca-Cola	45	Mitsubishi
12	LG	29	Abbott Labs	46	Comcast
13	Facebook	30	Bosch	47	GE
14	Alibaba	31	Xiaomi	48	Roche
15	Oracle	32	IKEA	49	AstraZeneca
16	Dell	33	Fast Retailing	50	Bayer
17	Cisco	34	Adidas		

자료: 보스톤컨설팅그룹

애플, 2위 구글, 3위 아마존, 4위 마이크로소프트, 5위 테슬라, 6위 삼성전자, 7위 IBM, 8위 화웨이, 9위 소니, 10위 화이자이다. 10개 기업 중 삼성전자, 화웨이, 소니를 제외한 7개가 미국 기업이다. 결국 미국 주식시장은 양적, 질적 측면에서 세계 최고 시장이라 인정하지 않을 수 없다. 참고로 우리나라는 6위 삼성전자에 이어 LG전자가 11위, 현대자동차가 39위를 기록했다.

미국은 주식시장에 양질의 기업들이 상장되어 있다는 점 외에 또 다른 중요한 장점을 지니고 있다. 바로 기축통화를 가지고 있다는 점이다. 미국은 자국의 정치, 군사, 금융 지배력을 바탕으로 전세계 어디서나 달러화를 통용시킬 수 있는 시스템을 가지고 있다. 기축통화국가는 중앙은행이 자본유출 걱정 없이 독자적으로 통화정책을 추진할 수 있다. 쉽게 말해 비상시에 발권력을 동원해 시장 안정에 나설 수 있다는 의미다.

2008년 글로벌 금융위기 당시 미국 연방준비제도이사회(이하 연준)는 금융시스템 붕괴를 막기 위해 막대한 달러 자금을 풀어서 모기지(Mortgage) 증권과 국채를 대규모로 매입하였고, 최근 코로나19 팬데믹 위기 상황에서도 무제한의 국채 매입을 선언한 바 있다. 이 같은 정책은 미 달러화가 글로벌 경제에서 가장 선호되는 기축통화이기 때문에 가능하다. 다른 많은 나라들은 위기 상황에서 달러 자금 유출을 걱정해야 하는 사례가 많지만, 미국은 기축통화국가이기 때문에 위기 상황에서 오히려 달러화가 유입된다. 모든 사람들이 달러화는 믿을 수 있는 대상이라고 생각하기 때문이다. 따라서 미국 연준이 무제한 채권매입 정책을 통해 금융시장에 달러를 공급하더라도 달러화 가치가 급락하는 일은 발생하지 않는다.

2008년 이후 미국, 한국 증시 누적 성과

정규화 기준 02/01/2008
— S&P500 327.36
— 코스피 182.33

327.36

182.33

2008 2009 2010 2011 2012 2013 2014 2015 2016 2017 2018 2019 2020 2021

자료: 블룸버그

이 덕분에 미국은 다른 나라에서는 좀처럼 시도하기 어려운 강력한 경기 부양 정책을 위기 때마다 실시하여 난관을 이겨내고, 다른 나라보다 더 빠르게 위기에서 벗어날 수 있었다. 이런 까닭에 미국 주식은 다른 나라 증시보다 더 좋은 성과를 보였다. 글로벌 금융위기가 터진 2008년 이후 지금까지 주요국 주식시장의 성과를 보면 단연코 미국 주식시장이 월등하다.

꼭 살펴야 하는
미국 경제지표

미국 주식을 경험해 본 사람들 가운데, 국내 주식보다 미국 주식 투자가 더 쉽다고 말하는 투자자들이 종종 있다. 미국은 경제지표와 기업 실적이 촘촘히 발표되고, 그 결과에 따라 주식시장이 바로 반응해 예측 가능성이 높아 국내 주식시장에 비해 예상외의 결과가 상대적으로 많지 않기 때문인 듯하다. 다시 말하자면 미국시장은 경제지표와 기업 펀더멘탈 분석이 주식투자 성과에 직결된다는 뜻이기도 하다.

미국은 발표되는 경제지표가 매우 많다. 따라서 시장 영향력이 큰 중요한 경제지표와 의미가 덜한 경제지표를 구분할 필요가 있다. 만약 모든 지표를 일일이 살펴보기 힘들면 중요한 지표들 중심으로 최근 추이를 살펴봐야 한다. 어느 경제지표가 중요한지는 사실은 붙박이처럼 고정되어 있는 것은 아니다. 경제와 시장 상황에 따라 더욱 관심을 기울이고 살펴야 하는 경제지표들이 그때그때 달라진다고 해야 더욱 현실적일 듯하다.

예를 들어 경제가 언제쯤 코로나19 충격에서 벗어나게 될지에 대해 금융시장이 주목하는 상황에서는 투자자들은 자연스레 소비자 심리나 고용지표부터 먼저 챙겨볼 것이다. 반대로 경기가 호조를 보여 금리 상승이 부담스러울 때에는 자연히 물가지표부터 눈길이 갈 것이다. 그리고 무역전쟁 이슈가 불거질 경우에는 대외수지가 중요한 포인트가 될 것이다.

하지만 주가는 기본적으로 실적을 반영하는 거울이기 때문에 기업실적과 밀접한 지표들은 그 중요도가 높다. 만약 이런 지표들이 다른 지표보다 더 일찍 발표된다면 그 중요도는 더욱 높아진다고 할 수 있다. ISM 제조업 구매관리자 지수가 이 범주에 해당한다. 그리고 선거를 통해서 대통령과 국회의원을 선출하는 민주주의 국가인 미국은 내수가 경제의 큰 부분을 차지하고 있다는 점에서 일자리 상황을 알려주는 고용지표가 매우 중요하고 할 수 있다.

→ 「ISM 제조업 구매관리자 지수」란 무엇인가? ←

미국 공급관리자협회(The Institute of Supply Management, ISM)가 발표하는 ISM 제조업 구매관리자 지수(PMI)는 매달 400개 이상의 기업 구매/공급 관련 임원을 대상으로 실시하는 설문조사 결과를 토대로 산출된다. 전체 측정지표(신규수주, 수주잔량, 신규 수출수주, 수입, 생산, 공급자 납기, 재고, 고객재고, 고용 및 물가)를 대상으로 응답자의 의견을 취합해 지수화한 것으로 50 이상이면 경기확장을, 50 이하이면 수축을 예고한다. ISM 제조업 구매관리자 지수의 강점은 선행성이다. 미국 제조업 경제활동을 미리 알아볼 수 있는데다 매월 초 발

자료: 블룸버그

34

표되기 때문에 시기상 다른 후속 지표의 분위기를 엿볼 수 있다는 특징이 있기 때문이다.

또한 ISM 제조업 구매관리자 지수는 앞의 그림처럼 전년 동기 대비 기업 이익 증가율과 거의 궤적이 일치한다. 따라서 ISM 제조업 구매관리자 지수가 상승 추세인지, 하락 추세인지, 절대값이 50 초과인지, 50 미만인지 여부만 살펴봐도 미국 경기와 기업 이익의 흐름을 짐작할 수 있게 해준다.

⟶ 내수 상황을 가늠하는 데 도움이 되는 미국 고용지표 ⟵

내수 비중이 큰 나라인 미국에서 내수 상황을 가장 잘 보여주는 지표는 일자리다. 일자리가 증가하면 가계 소득이 증가하게 되고 소비가 활성화되어 경제가 좋아지게 되는 선순환이 가능해진다.

하지만 일자리(취업자) 증가가 부진할 경우 가계 소득과 소비 증가도 덩달아 둔화되는 악순환이 나타난다. 지난 46대 미국 대통령 선거에서 트럼프 전 대통령이 연임에 실패한 가장 큰 원인으로 재임 기간 중 일자리가 29만 개나 사라진 점을 꼽을 수 있다. 일자리 감소가 코로나19로 인한 영향이 컸다는 점에서 트럼프 입장에서는 억울할 수도 있겠지만, 유권자들의 선택은 냉엄했다.

일자리는 정치권뿐만 아니라, 중앙은행인 미 연준에게도 매우 중요한 지표다. 미 연준은 통화정책 목표가 두 가지다. 하나는 장기적으로 물가를 2% 수준에서 안정시키는 일이고, 다른 하나는 최대한의 일자리(Maximum employment) 창출이다. 따라서 실업률과 취업자수 등 고용지표는 연준의 통화정책 결정에 있어서 핵심 사항이 된다고 할 수 있다.

미국은 고용지표가 일찍 발표된다. 당월에 해당하는 고용지표가 익월 첫째 주에 발표되는 구조다. 예컨대 3월 고용지표는 4월 첫째 주에 발표된다. 따라서 지표의 무게감뿐만 아니라 시의성도 상당히 크다고 할 수 있다.

최근 금융시장의 가장 큰 관심사 중 하나는 연준의 기준금리 인상 시기에 대한 부분이다. 금리파생시장에 반영된 내재 금리나, 연준이 제시하는 점도표를 통해 금리 인상 시점을 예상할 수도 있지만, 고용시장의 취업자 수 추이를 통해 기준금리 인상 시점을 예상할 수도 있다. 연준은 성장 및 고용 둔화 위험과 인플레이션 리스크 사이의 경중을 비교해 성장 및 고용 둔화 위험이 더 큰 상황이라 판단될 경우에는 금리를 인하하거나 저금리 수준을 계속 유지하려 한다. 반면, 성장 및 고용 둔화 가능성보다 인플레이션 확대 위험이 더 크다고 판단하면 기준금리 인상에 나서게 된다. 따라서 취업자 수 추이에서 연준의 금리 인상 시점에 대해 신뢰할 만한 실마리를 찾을 수 있다.

  연준은 기준금리를 인하한 이후 경제가 충분히 회복되었다는 확신이 서면 기준금리 인상에 나선다. 1990년대 이후 미국은 총 4차례의 기준금리 인하와 인상 사이클을 경험했다. 기준금리 인상은 모두 총 취업자 수가 이전 고점을 넘어선 것이 확인된 후 시작되었다는 사실을 차트를 통해 확인할 수 있다. 즉, 연준은 경제가 충분히

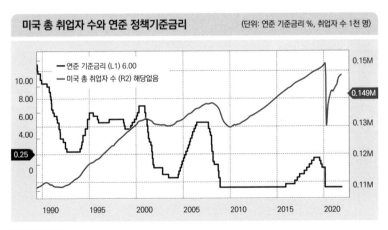

미국 총 취업자 수와 연준 정책기준금리 (단위: 연준 기준금리 %, 취업자 수 1천 명)

자료: 블룸버그

회복되었는지를 판단할 때 취업자 수가 핵심적 요소라는 점이다.

코로나19로 급감했던 미국 일자리는 빠르게 회복 중이지만, 미국 전체 취업자 수가 코로나19 발생 이전 수준인 1억 5,200만 명을 넘어서는 수준에 도달하기 위해서는 현재 속도를 감안할 때 2022년 말 정도로 추정된다.

투자의 안목을 높여주는
재무지표 분석

　주식시장에서 핫(Hot)한 종목을 발견하고 주가가 더 오르기 전에 나도 빨리 사겠다는 급한 마음에 해당 주식을 덥석 사고 나서 후회한 경험을 투자자들이 한두 번쯤은 했을 것이다. 기세 좋게 오르는 주가 차트만 볼 때는 미쳐 눈에 들어오지 않았었는데, 혹시나 하는 마음에 재무제표를 살펴보았더니 그 기업이 만년 적자이거나 주가에 비해 벌어들이는 이익 규모가 너무 작아 밸류에이션이 터무니없이 높은 사례가 대표적이다. 주가와 기업가치 사이의 괴리가 너무 크면 장기투자를 하더라도 성공투자를 기대하기 어렵다. 이런 낭패를 반복하지 않기 위해서는 기업의 재무제표와 밸류에이션을 미리 살펴봐야 한다. 재무제표를 잠깐만 살펴도 내가 관심을 기울이는 기업의 매출이 꾸준히 증가하고 있는지, 이익은 안정적인지, 순자산가치 대비 이익률은 어느 정도인지 파악할 수 있다. 그런 부분만 살펴봐도 이 기업이 장기적으로 투자할 만한 가치가 있는 회사인지 가늠할 수 있다. 재무제표 분석이 기업의 본질 가치 판단에 도움을 준다면, 밸류에이션 지표는 지금 주가가 기업의 본질 가치에 비해 적당한 수준인지 아니면 너무 높거나 낮은지 판단하는 데 유용하다.

아무리 전망이 좋은 기업이라도 지금 주가가 너무 가파르게 올라 밸류에이션이 매우 높으면 좋은 주식을 사고도 손해를 볼 수 있다. 반대로, 알짜 주식인데 일시적 악재로 주가가 단기 급락해 밸류에이션이 바닥을 칠 때 주식을 처분한다면 이 또한 낭패다. 이와 같은 불편한 경험을 되풀이하지 않으려면 재무제표와 밸류에이션에 대한 점검은 필수다.

⟶ **매출액과 영업이익, 당기순이익** ⟵

매출액은 회사가 물건이나 서비스를 팔아 벌어들인 돈을 의미한다. 영업이익은 매출액에서 영업활동에서 발생하는 각종 비용(매출원가와 판매관리비용)을 빼고 남은 이익, 즉 영업활동에서 발생한 이익을 말한다. 당기순이익은 영업이익에 다른 분야에서 얻은 일시적 손익을 추가하고 세금을 지불하고 회사에 최종적으로 남는 이익을 의미하기 때문에 영업이익보다 등락이 큰 경향이 있다. 어쨌든 영업이익과 당기순이익이 모두 마이너스인 회사는 손대지 않는 것이 바람직하다. 하지만 신생기업은 매출이 호조를 보이고 있어도 초기 투자 부담 때문에 영업이익이 마이너스를 보일 때가 있다. 미국 주식을 대표하는 아마존, 테슬라 같은 기업도 오랜기간 적자를 기록한 사례들이다. 따라서 안정 단계에 접어든 기업은 영업이익이나 당기순이익이 중요하고, 현재보다 미래의 성장이 기대되는 성장주는 매출액 추이가 중요한 지표라고 할 수 있다. 참고로 주당순이익(Earnings per Share)은 당기순이익을 발행주식수로 나눈 값으로 1주당 벌어들이는 순이익을 의미한다.

워런 버핏이 즐겨 사용한 것으로 유명한 ROE(Return on Equity - 자기자본수익률)도 중요하다. 이 지표는 기업의 순자본 대비 이익률을 의미하기 때문에, ROE값이 높을수록 효율적으로 돈을 잘 버는 기업이라고 할 수 있다. 국내외 인터넷 증권 포털에서 기업별 재무제표 정보를 쉽게 얻을 수 있다.

→ PER(주가수익비율), PBR(주가순자산비율) ←

주가수익비율이라고 하는 PER(Price Earning Ratio)은 주가가 주당 순이익(EPS)의 몇인지를 따지는 지표다. 일반적으로 이익규모에 비해 주가가 낮으면(PER이 낮다면) 주가 저평가되어 있다고 판단한다. 하지만 PER 지표를 해석할 때에 조심할 점이 몇 가지 있다.

우선 어느 기업이 지금 당장은 이익을 기록하고 있더라도 앞으로 사업 전망이 좋지 않아 장기적으로 이익 증가에 어려움이 있을 것으로 예상될 경우 이 주식의 PER는 매우 낮은 채로 유지될 수 있다. 따라서 PER이 낮아진다면 일시적인 악재 때문인지, 구조적인 문제 탓인지 먼저 따져봐야 한다. 만약 PER이 낮아진 원인이 만성질환 때문이라면 주가는 반등하지 않고 PER도 낮은 수준에 계속 머물 가능성이 크다. 이를 전문용어로 밸류에이션 트랩, 즉 밸류에이션 함정에 빠진 상태라고 일컫는다.

다음으로 유의할 점은, PER는 절대적인 지표가 아니라 상대적인 지표라는 사실이다. 주식은 업종별로 수익성과 성장성 차이가 크기 때문에 상이한 업종간 주식을 비교한다면 그 실익은 크지 않다. 구글 파이낸스에서 조회한 애플과 GM(제너럴모터스)의 PER는 28.7배와 8.5배로 GM의 PER가 더 낮지만 이를 두고 GM 주가가 애플보

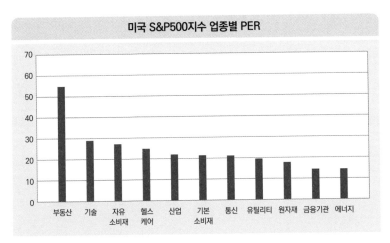

미국 S&P500지수 업종별 PER

자료: 블룸버그

다 저평가되었다고 단정지을 수 없다는 의미다. 특정 종목의 PER를 가지고 주가 고평가 또는 저평가 여부를 판단하려면, 그 종목이 포함된 업종의 평균 PER과 비교하거나 그 종목의 과거 평균 PER과 비교해야 한다.

마지막으로 PER을 활용할 때 과거 주당순이익을 사용하기보다 미래 주당순이익 전망치를 사용해야 더 의미가 있다. 앞으로 주가에 중요한 것은 과거 이익이 아니라 앞으로 이익이기 때문이다. 미래 PER을 Forward(포워드) PER이라고 하며 증권사 애널리스트의 이익 추정치를 합산하여 계산된다.

PBR은 주가순자산비율이다. PBR은 주가를 주당 순자산으로 나눈 값으로 주가가 순자산의 몇 배인가를 따지는 지표다. PBR이 1배라는 것은 시가총액과 순자산이 똑같으므로 보유 재산 전부를 매각할 때 딱 투자금만큼만 회수할 수 있다는 식으로 해석할 수 있다. 따라서 PBR가 1배 밑에 있다면 주가가 청산가치보다 낮다는 의미가 된다.

→ PEG(Price Earnings to Growth) ←

PEG는 위에서 설명한 PER(주가수익비율)을 이익성장률로 나눈 값이다. PER이 상대적인 지표이기 때문에 활용할 수 있는 범위에 제약이 있다. 가치주는 실적이 안정적이기 때문에, 현재 실적과 미래 실적간 차이가 크지 않다. 따라서 PER을 가지고 기업의 밸류에이션을 판단하는데 별다른 무리가 없다. 하지만 성장주는 경우가 다르다. 실적이 매년마다 크게 증가하기 때문에 최근 이익 추정치만 사용하는 PER로는 이 회사의 성장성을 제대로 반영하지 못하게 된다. 대부분 성장주들의 PER은 매우 높은 수준이다.

주가가 현재 이익만 반영한 것이 아니라, 앞으로 회사가 지속적으로 성장하면서 이익이 급증할 것이라는 기대가 가격에 반영되었기 때문이다. 따라서 통상 성장주를 분석할 때에는 PER을 이익성장률로 나눈 PEG도 함께 사용된다. PER이 성장주의 성장성을 반영하지 못하고 주가가 고평가되었다고 잘못 해석할 수 있지만, PEG는 이 단점을 보완해줄 수 있다. 참고로 A기업의 PER이 40배, 순이익 증가율이 32%라면 A기업의 PEG는 40/32=1.25배다. 그리고 B기업의 PER은 15배, 순이익 증가율이 12%라 치면 B기업의 PEG는 15/12=1.25배로 A기업과 B기업의 PEG는 서로 같게 된다.

$\longrightarrow$ Earnings Yields Gap(어닝스 일드갭) $\longleftarrow$

이익 규모가 같더라도 금리 수준에 따라 기업의 현재 가치는 변하게 된다. 고금리 상황에서는 할인율이 높아져 기업의 현재가치가 더 낮아지고, 반대로 저금리 상황에서는 할인율이 낮아져 기업의 현재 가치가 더 높게 계산된다. 따라서 주식의 PER도 고금리 상황에서는 더 낮아지고, 금리가 낮은 상황에서는 더 높아진다. 즉 PER과 금리는 역의 관계에 있다. 따라서 PER 외에 금리수준까지 함께 고려하면 주식의 가치에 대해 더욱 정확하게 판단할 수 있다. 일드갭은 개별 종목들의 밸류에이션 판단보다는, 주식시장의 전반적인

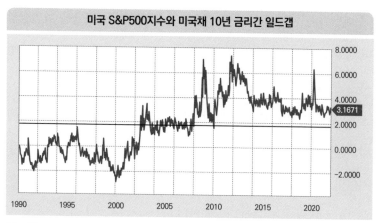

미국 S&P500지수와 미국채 10년 금리간 일드갭

자료: 블룸버그

밸류에이션에 대한 분석 목적으로 주로 활용된다.

어닝스 일드갭(Earnings Yields Gap)은 주식이 무위험 자산인 국채에 비해 고평가인지 저평가인지를 따지는 개념으로 PER의 역수, 즉 주식에 투자할 경우 얻을 수 있는 기대수익률과 무위험자산인 국채 금리간 수익률 격차를 비교하는 지표다. PER 40배일 경우 주식의 기대수익률은 2.5%다. 만약 국채금리가 1%라면 주식에 투자할 경우 국채보다 1.5%p의 초과 수익이 예상된다고 해석할 수 있다. 과거 평균적으로 어닝스 일드갭이 3%였다면 현재 주식의 국채 대비 기대수익률이 너무 낮아진 것이고, 주식보다는 국채 투자가 더 가치가 있다고 해석한다. 반대로 현재 일드갭이 5%라면 주식의 투자 가치가 국채보다 더 크다고 할 수 있다.

팩터분석:
知彼知己 百戰不殆

앞장에서 주식투자의 기초가 되는 경제지표와 재무제표 분석에 대해 살펴보았다. 이제는 다음 단계로 넘어가 실제 주식투자에 활용할 수 있는 다양한 전략에 대해 살펴볼 차례다.

주식시장에는 다양한 종목군들이 있다. 서로 비슷한 특징을 가지고 있는 종목들을 묶어 ○○주, ××주라고 호칭하는 것을 떠올리면 된다. 시가총액이 큰 주식을 대형주, 밸류에이션이 낮은 주식을 가치주, 배당수익률이 높은 주식을 배당주, 경기 사이클과 연관이 높은 주식을 경기민감주라고 하는 식이다.

이처럼 주식을 종목군으로 묶어서 말하는 것은 유형이 비슷한 종목들의 주가가 유사하게 움직이는 경향이 있기 때문이다. 주식시장을 자세히 살펴보면 당시의 경제나 금융시장 상황에 따라 그때그때 선호되거나 소외되는 유형들이 있다는 사실을 알 수 있다. 지피지기면 백전불태, 즉 '나를 알고 상대방을 알면 백번 맞붙어도 위태로움이 없다'는 고사성어가 있다. 지금 주식시장에서 어떤 유형이 선호되고 있는지, 어느 유형은 소외되고 있는지만 제대로 파악해도 수많은 종목을 일일이 살펴야 하는 수고를 덜면서도 빠르고 효과적으로 주식시장에 대응할 수 있다.

이와 같은 목적으로 주가에 영향을 미치는 여러 요인들을 유형별로 나열하고, 각 유형에 따라 투자했을 때 얼마나 의미 있는 수익을 기록했는지 살펴보는 것을 투자 용어로 팩터분석(Factor Analysis)이라고 한다. 다음 장의 차트는 최근 5년간 미국 주식시장에서 각 팩터(요인)에 대해 롱/숏(매수 및 공매도) 전략을 한 결과를 보여주고 있다. 즉 팩터를 대표하는 특성값을 기준으로 매월마다 주식을 순위별로 정렬한 후 상위 20%와 하위 20%의 종목군들의 평균 수익률을 비교하는 것이다.

예를 들어 배당 팩터가 얼마나 효과적인가 살펴보려면 S&P500 지수에 포함된 500 종목을 배당수익률이 높은 순서로 정렬한 후, 배당수익률이 가장 높은 상위 20%(1분위) 종목군의 평균 수익률과 배당수익률이 가장 낮은 하위 20%(5분위) 종목군의 평균 수익률을 비교하면 된다. 상위 20%의 수익률이 하위 20%의 수익률보다 월등하게 높았다면 분석기간 동안 주식시장에서 배당 팩터가 의미 있는 성과를 보였다고 판단할 수 있다.

반면에 상위 20%와 하위 20%간 수익률 차이가 미미할 경우 배당 팩터가 주식시장 성과에 별다른 영향을 미치지 못했다고 말할 수 있다. 주식시장에서 배당 테마가 소외되어 고배당주들이 오히려 약세를 보이는 경우도 종종 있다. 이 경우에는 배당수익률 상위 20% 종목의 평균수익률이 배당수익률 하위 20% 종목의 평균수익률 보다 낮아질 것이다.

주식시장에는 배당 말고도 다양한 팩터들이 있다. 다양한 팩터들의 수익률을 비교하면 주식시장에서 어느 팩터가 가장 각광을 받았는지, 그리고 어느 팩터가 제일 소외되었는지 쉽게 파악할 수 있다.

차트 상에서 팩터 수익률이 플러스일 경우 해당 팩터가 주식시장에서 효과적이었음을 말한다. 팩터 수익률이 마이너스인 경우는 해당 팩터가 주식시장에서 소외되었음을 말한다. 팩터 수익률의 부호가 해당 팩터가 시장에서 선호되었는지, 소외되었는지 방향성을 보여준다면, 팩터 수익률의 절대값은 해당 팩터의 강도, 즉 주식시장에서 영향력을 보여준다. 따라서 팩터 수익률이 마이너스일 경우에

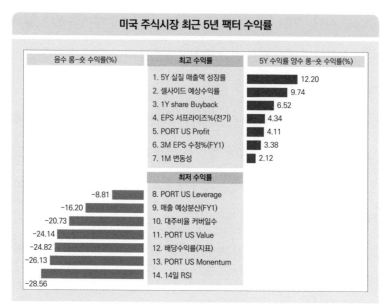

도 팩터 수익률의 절대값이 클 경우 투자 관점에서는 의미가 있다. 성과가 우수한 팩터와 관련된 종목을 매수하고, 성과가 부진한 팩터와 관련이 높은 종목을 매도함으로써 나의 포트폴리오 성과를 높이는 데 활용할 수 있기 때문이다. 반면에 팩터 수익률의 절대값이 크지 않은 경우 해당 팩터의 강도가 약하다는 의미이기 때문에 투자 관점에서는 그리 중요하지 않다.

여러 팩터 중 상대강도지수(RSI), 주가 모멘텀, 배당, 밸류, 공매도, 매출 전망치의 편차, 매출성장, 셀사이드 애널리스트 예상수익률이 특히 유의적인 것으로 나타났다. 이틀 팩터에 대해 하나씩 살펴보자.

$$\longrightarrow \quad \boxed{\text{팩터 수익률 ★★★}} \quad \text{RSI} \quad \boxed{\text{팩터 강도 ★★★}} \quad \longleftarrow$$

RSI(상대강도지수, Relative Strength index)는 일정기간 동안의 주가 움직임 중에서 상승폭의 비율이 어느 정도인지를 퍼센트로 표시한 것으로, 주가가 과열인지, 과매도 수준인지 보여주는 지표다. 14일을 분석 기간으로 하는 경우가 일반적이다. 14일 동안 주가가 계속 상승하기만 했다면 RSI는 100%가 되고, 반대로 14일 동안 주가가 계속 하락하기만 했다면 RSI는 0%가 된다. RSI는 시장의 추세가 언제 전환될 것인가 측정하는데 유용한 지표다. 흔히 RSI가 70%를 넘어서면 상승 과열권이고, 30% 미만이면 하락 과열권으로 해석한다.

5년 동안 S&P500지수에 포함된 개별 종목을 1)매월마다 RSI가 높은 순서로 5분위로 나눈 후, 2) 1분위 종목(상위 20%)을 사고, 5분위 종목(하위 20%)을 매도하는 전략의 성과를 살펴본 결과, 3) RSI 팩터가 -28%로 높은 강도로 마이너스를 기록했다. 이것은 RSI가 높은 종목들 매도하고, RSI가 낮은 종목을 매수할 경우 좋은 결과를 가져올 수 있다는 의미다. RSI가 높다는 것은 주가가 과열권이라는 신호이기 때문에, RSI가 높은 종목을 매도하고, RSI가 낮아 가격이 과매도권인 종목을 매수하는 것은 투자 상식에도 부합한다고 생각된다. 미국 주식의 종목별 RSI 차트는 야후 파이낸스 등 인터넷 포털, 증권사 HTS 등에서 제공된다.

➡ (팩터 수익률 ★★★) **모멘텀** (팩터 강도 ★★★) ⬅

모멘텀은 주가 추세의 강도를 말한다. 주가 상승률이 높았던 종목은 모멘텀이 강하고, 반대로 주가 상승률이 낮았던 종목은 모멘텀이 약하다고 말할 수 있다. 미국 주식시장에서 모멘텀 전략은 성공했을까? 팩터별 성과 차트에서 확인할 수 있듯이 모멘텀 전략의 수익률 절대값이 26%로 커 모멘텀이 주식투자에 변별력이 있는 지표인 것은 분명하지만, 수익률의 부호가 마이너스로 나온 것에 주목해야 한다. 다시 말하면 주가가 급등한 종목보다는 덜 오른 종목을 사는 것이 결과적으로 좋았다는 의미이기 때문이다.

모멘텀이 좋은 종목의 수익률이 좋지 않았다는 결과는 다소 의외로 생각될 수 있다. 하지만 모멘텀이 우수한 종목은 기술적 분석상 RSI 값도 높은 경우가 많고, 주가가 주가 급등한 종목이라고 생각할 수도 있다. 따라서 주가 급등 종목을 추격 매수하는 것 보다는 차라리 주가가 오르지 않은 종목을 사는 것이 적어도 분석 기간인 최근 5년간은 더 좋은 결과를 가져왔다고 해석할 수 있다. RSI전략과 마찬가지로 급등 종목을 추격 매수하는 것은 좋은 결과를 기대하기 어렵다는 점을 시사한다.

밸류 팩터는 PER, PBR, PSR(주가매출액비율)등 밸류에이션 지표를 평균해서 측정할 수 있다. 밸류에이션 지표 값이 낮을 경우 밸류 팩터 상위 종목으로 분류되고, 밸류에이션 지표 값이 높을 경우 가치(밸류) 팩터 하위 종목으로 분류한다. 지난 5년간 밸류 팩터 성과를 보면 밸류 팩터 상위 종목보다는 밸류 팩터 하위 종목이 월등히 높은 수익률을 기록했음을 확인할 수 있다.

이것은 시장이 저밸류 종목보다는 고밸류 종목을 선호했음을 의미하는 것으로, 굳이 해석을 한다면 4차산업혁명 본격화와 초저금리 장기화로 최근 5년 동안 주식시장이 성장주에 주목하면서 상대적으로 밸류에이션이 낮은 가치주들이 소외된 결과라고 풀이된다.

금리 사이클에 따라 가치주와 성장주의 상대성과가 변화하는 경향이 있고 최근 들어서 금리 인상이 이슈화되면서 가치주가 다소 회복세를 보이는 조짐도 있지만, 가치주 소외 현상은 경제와 주식시장이 전통산업 중심에서 신성장 산업 중심으로 빠르게 재편되면서 나타나는 구조적인 측면도 있다고 생각된다. 투자할 종목을 고를 때 밸류에이션 수준만 볼 것이 아니라, 성장성도 함께 꼼꼼하게 따져봐야 한다. 미국 주식의 종목별 밸류에이션 정보는 네이버 증권, 구글 파이낸스, 야후 파이낸스 등 국내외 인터넷 포털에서 쉽게 확인할 수 있다.

배당 팩터도 5년간 마이너스 수익률을 기록했다. 적어도 지난 5년간은 고배당주가 저배당주보다 수익률에서 열위였던 것으로 나타났다. 높은 배당을 받는 것은 좋은 일이지만, 고배당을 하는 주식은 생각보다 투자 매력이 높지 않을 수 있다는 의미다. 투자 상식에 반하는 것 같은 이런 현상은 배당수익률이 높은 종목과 가치주는 겹치는 경우가 많기 때문으로 해석할 수 있다.

가치주들은 사업구조가 안정단계에 접어들어 현금흐름에 여유가 있는 경우가 많다. 그런데 남는 현금을 사내에 쌓아 두기보다는 배당으로 지급하는 것이 주주에도 좋고 기업의 주가 관리에도 도움이 된다. 하지만 신생기업이나, 성장기업의 경우는 현금 여유가 많지 않다. 이들 기업은 성장속도가 빠르기 때문에 여유 현금을 배당으로 사용하는 것보다 사업 확장을 위해 투자에 지출하는 것이 장기적으로 기업과 주주 모두에 이득이다. 따라서 성장주는 배당 수익률이 낮거나 아예 배당을 하지 않는 경우도 많다.

고배당 주식의 배당을 장기적으로 꾸준히 재투자할 경우 복리효과로 높은 성과를 기록할 수 있지만, 적어도 지난 5년간 미국 증시의 분위기는 고배당주에 우호적이지 않았다고 할 수 있다. 배당 수익률은 기본적인 주식 정보로 네이버 증권, 구글 파이낸스, 야후 파이낸스 등 국내외 인터넷 포털에서 쉽게 살펴볼 수 있다.

→ 【 팩터 수익률 ★★★ 】 **공매도** 【 팩터 강도 ★★★ 】 ←

공매도 거래는 투자자가 주식을 보유하고 있지 않더라도, 주식을 빌려서 매도한 후 매도 대금으로 해당 주식을 다시 사서 주식을 갚

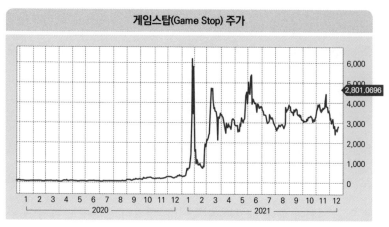

게임스탑(Game Stop) 주가

2,801.0696

6,000
5,000
4,000
3,000
2,000
1,000
0

1 2 3 4 5 6 7 8 9 10 11 12 | 1 2 3 4 5 6 7 8 9 10 11 12
└─────── 2020 ───────┘ └─────── 2021 ───────┘

자료: 블룸버그

는 거래를 말한다. 공매도 후 주가가 하락해 다시 사들인 가격이 공매도 가격보다 낮을 경우 공매도 거래에서 이익이 발생하게 된다.

좋아 보이는 주식은 그 주식을 사서 투자 의견을 표시할 수 있지만, 반대로 나빠 보이는 주식은 공매도 제도가 없다면 내가 그 주식을 가지고 있지 않은 한 매도를 통해 나의 투자 의견 표현할 방법이 없게 된다. 따라서 공매도는 시장 효율성을 위해 필요한 제도인 것은 분명하다. 다만 공매도 후 예상과 달리 주가가 오르면 이론적으로 손실이 무한대로 커질 수 있다는 부담, 그리고 자금력 면에서 기관투자자가 일반투자자에 비해 우월한 위치에 있기 때문에 공매도 거래는 주로 기관투자자들이 거래의 대부분을 차지했고 일부 투자자들은 공매도가 불평등한 제도라며 반발하기도 했다.

게임스탑(GameStop)이 대표적인 사례다. 이 회사는 미국내 대표적인 오프라인 게임 체인점으로 디지털화에 따른 경영환경 악화 등으로 공매도 비율이 높았다. 한편 로빈후드로 대표되는 개인 투자자 세력이 공매도에 반발하며 게임스탑 주식을 집중 매수하였고 2021년 초 개인투자자들과 공매도 투자자들간 대결이 벌어졌다. 결국 공매도 투자자들은 막대한 손실을 보고 공매도 포지션을 청산했다.

하지만 게임스탑의 경우는 예외적인 것으로 봐야 한다. 공매도에 대한 팩터 분석 결과 공매도가 많이 몰린 종목은 공매도 잔고가 많지 않은 종목보다 수익률이 월등하게 낮은 것으로 나타났다.

공매도에 대한 팩터 분석을 위해 일일 거래량 대비 공매도 잔고를 의미하는 대주비율 커버일수를 기준으로 공매도 1분위 종목과 5분위 종목의 수익률을 비교한 결과, 공매도 1분위(상위 20%) 종목군이 5분위(하위 20%) 종목군 보다 5년 누적 수익률이 20% 정도 더 낮은 것으로 나타났다. 공매도 물량이 많은 기업은 투자 리스트에서 일단 제외하고 보는 것이 정석이다. 종목별 공매도 정보는 야후 파이낸스 종목 정보에서 조회가 가능하다.

기업의 성장성을 가장 잘 대표하는 지표로 매출을 꼽을 수 있다. 신생기업이나 성장주는 매출이 급증하더라도 성장초기 투자 비용 부담으로 적자를 기록하는 경우가 종종 있기 때문이다. 반면 수년 간 지속적으로 큰 폭의 매출 증가가 이어졌다면, 그 기업은 분명 성장성이 높은 기업이라고 할 수 있다.

성장 팩터와 주가의 관계 분석을 위해 5년간 매출 성장률을 기준으로 다섯개로 종목군을 나눈 후, 상위군과 하위군간 수익률을 살펴보니 예상대로 매출성장 상위 종목군(1분위)이 매출성장 하위종목군(5분위)보다 5년간 주가 상승률이 12% 더 높은 것으로 나타났다. 지난 5년간 미국 주식시장에서 성장 테마가 유효했다는 의미가 된다. 매출은 기본적인 재무 정보로 네이버 증권, 구글 파이낸스, 야후 파이낸스 등 국내외 인터넷 포털에서 쉽게 확인할 수 있다.

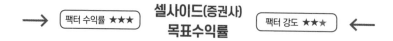

증권사 목표 가격은 실제 주가와 어떤 관계가 있을까? 국내 증

권 포탈을 보면 국내 주식 종목별 목표 주가가 제공된다. 목표 주가는 해당 종목을 리서치하는 증권사 애널리스트들이 제시하는 목표 주가를 평균한 값이다. 우리나라는 증권사 목표 가격을 크게 의식하지 않는 분위기인 것 같다. 아마도 증권사는 주식 거래를 통해 수익을 얻는 기관이고 주식 거래를 활발하게 하기 위해서는 목표 가격을 높게 제시할 것이라는 선입견 때문인 듯하다. 하지만 애널리스트는 그 주식 분석을 업으로 하는 사람들이기 때문에 그들이 제시하는 목표 주가를 완전히 무시하는 것도 바람직하지만은 않다.

미국은 어떨까? 아마도 국내보다는 다소 분위기가 낫지 않나 싶다. 먼저 미국은 헤지펀드가 활성화되어 있어 매도 의견에 대한 부담감이 덜하다. 그리고 미국 기업의 실적 발표를 보면 실제 실적과 애널리스트의 예상치 간 차이가 그다지 크지 않다는 사실을 알게 된다. 그러니 자연히 목표주가에 대한 신뢰도도 높아지지 않을까 싶다.

설명이 조금 길어졌다. 미국 주식투자에 있어서 증권사 목표 가격(목표 수익률)이 의미 있는지 팩터 분석한 결과를 보면, 매출 성장만큼은 아니지만 목표 수익률이 높은 종목이 목표 수익률이 낮은 종목보다 유의미하게 초과 수익률을 기록하는 것으로 나타났다. 결론적으로 미국 주식 종목을 고를 때 목표 수익률도 고려하는 전략이 좋다는 말이 된다.

애널리스트 목표 가격은 해당 정보를 제공하는 기관에 따라 조금씩 차이가 발생한다. 그 이유는 집계 기관별로 목표 가격 제공받는 애널리스트가 다르기 때문이다. 설문에 참여하는 애널리스트 숫자가 설문이 최근에 실시된 것이라면 신뢰도는 더 높아질 것이다. 야

테슬라 주식에 대한 셀사이드 애널리스트 목표 가격

Recommendation Rating(추천 등급)

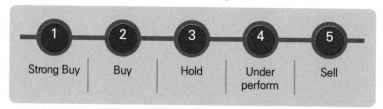

Analyst Price Targets(애널리스트 목표가)

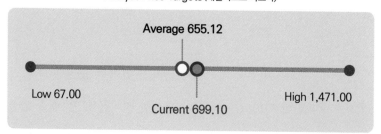

자료: 야후 파이낸스

후 파이낸스에서 무료로 셀사이드 애널리스트 목표 가격 정보가 제공된다. 앞의 차트는 야후 파이낸스의 테슬라 주가에 대한 목표 가격 정보다.

빼놓을 수 없는 투자 테마는
ESG

투자 행위는 이익 추구를 위한 것이다. 기업을 경영하든 주식이나 펀드에 투자하든 모두 이익이 목적이다. 이것이 자본주의 사회의 운영원리다. 이윤추구가 보장되지 않는다면 투자 행위의 이유도 사라질 것이다. 하지만 이윤추구는 개인적 의사결정이지만, 다른 한편으로 결과가 사회와 환경에도 영향을 미치기 때문에 사회적 행동이라는 점도 잊어서는 안된다. 기업의 규모가 커지고 투자자산 규모가 커지면서 이 같은 인식은 더욱 뚜렷하지는 추세다. 특히 코로나19 팬데믹 이후 경제주체들의 환경과 사회적 이슈에 대한 관심이 크게 높아졌다.

→ ESG 투자의 의미 ←

이 같은 인식을 배경으로 ESG 투자에 대한 관심이 높아지고 있다. ESG는 환경(Environment), 사회적 책임(Social), 기업 지배구조(Governance)의 약칭으로, 비즈니스에 영향을 미치는 중요한 비재무적 요소를 말한다. 구글 트렌드 분석에서도 ESG에 대한 사회적 관심이 급증한 것이 확인되고 있다. ESG에 대한 인식이 강화되면서 기업들은 더 많은 ESG 관련 지표들을 공시하고 있고, 이것을 기준으로 ESG 평가기관들은 개별 기업에 대한 ESG 등급을 부여하고 있다. 대부분 기관 투자자들은 투자 의사 결정에 ESG 요소를 명시

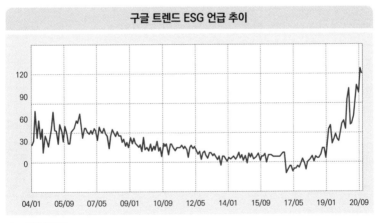

구글 트렌드 ESG 언급 추이

자료: 구글 트렌드

적 또는 적어도 부분적으로 반영하는 추세다.

최근 국민연금은 "2022년까지 책임투자 적용 자산군 규모가 기금 전체 자산에서 약 50%로 확대될 예정"이라며 "2021년부터 ESG 통합전략을 국외 주식과 국내 채권 자산에도 적용하겠다"고 밝힌 바 있다.

→ ESG 투자의 긍정적인 면 ←

ESG 투자는 환경과 사회에 기여한다는 가치적인 측면 외에도, 투자의 고유 목적인 이윤추구 관점에서도 효과적이다. 실제로 ESG 관점에서 투자할 경우 더 좋은 투자기회를 찾을 수 있다는 의미다. 왜 그럴까? 그것은 현대 주식시장에서 기업의 가치 평가는 전통적인 재무제표 외에도 기업의 평판이나 브랜드 가치와 같이 보이지 않는 무형자산이 더욱 중요해지고 있기 때문이다.

미국은 S&P500지수에 포함된 기업의 자산가치에서 무형자산이 차지하는 비중이 70%에 이를 정도로 높아졌다. 전통적 재무지표만으로는 파악할 수 없는 무형자산의 가치 분석에는 ESG 요소를 고려하는 것이 효과적이다. 실증적으로도 ESG 하위 기업군은 상위

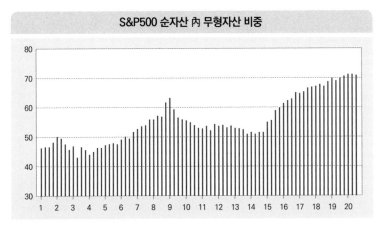

자료: 블룸버그

기업군에 비해 실적이 예상에 못 미치거나 수년 내 부도가 발생할 위험이 더 높다는 사실이 확인되었다고 한다.

⟶ ESG 투자 성과 ⟵

ESG 투자의 성과를 확인해 보자. ESG는 기업에게 제약으로 작용해 성과에 부정적일 것이라는 일부 시각과 달리 ESG 투자는 ESG를 고려하지 않는 경우와 비교해서 장기적으로 비슷하거나 더 우수한 성과를 기록한 것이 확인된다.

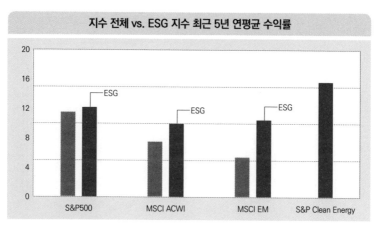

지수 전체 vs. ESG 지수 최근 5년 연평균 수익률

자료: 블룸버그

최근 5년간 연평균 수익률을 기준으로 봤을 때 미국 주식 (S&P500), 글로벌 주식(MSCI AC World), 신흥 주식(MSCI EM) 모두 해당 지수 내 ESG 상위 그룹에 투자할 경우 수익률이 지수 전체에 투자하는 것보다 높았다. ESG 내에서도 중점 투자 대상(ESG 일반, 사회책임, 주주가치, 친환경, 클린에너지 등)에 따라 투자 성과 차이가 발생할 수 있다. 환경에 관심이 높아지면서 ESG 지수보다 클린에너지의 수익률이 높았던 사실도 확인되고 있다.

→ 전기차 등 친환경 투자의 높은 성장 잠재력 ←

미국 바이든 대통령이 환경을 강조하고 있음을 감안할 때 ESG 내에서도 친환경 투자의 성장 잠재력이 커 보인다. 바이든 정책의 골자는 경기회복을 위해 정부 주도로 친환경 및 인프라 투자를 확대하는 전략이다. 바이든 대통령은 4년 임기 동안 클린에너지 4,700억 달러 포함 총 2.3조 달러 규모 인프라 투자를 공약으로 내세운 바 있다. 아울러 파리기후변화협약에도 복귀했다.

미국 외에도 2050년 탄소배출 제로를 목표로 유럽과 우리나라 등 많은 국가들의 친환경 투자가 확대될 전망이다. 유로존은 EU회

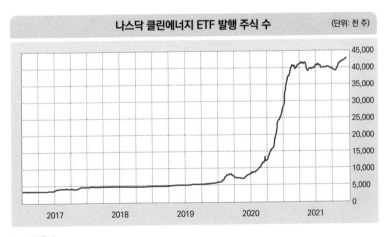

나스닥 클린에너지 ETF 발행 주식 수 (단위: 천 주)

자료: 블룸버그

복기금(7,500억 유로) 중 최소 30% 기후변화 대응에 투자하겠다는 그린딜 계획을 발효한 바 있다. 따라서 향후 친환경 테마가 새로운 정책 수혜주로 부각될 가능성이 높아 보인다.

고유가의 최종 승자,
신재생 에너지

→ 에너지 가격 급등 ←

재고 부족으로 전세계 에너지 가격이 큰 폭으로 상승했다. 코로나19 영향에서 조금씩 벗어나면서 에너지 수요가 회복세를 보이고 있는 것에 비해, 에너지 생산은 수요 증가 속도를 미처 따라가지 못하고 있기 때문이다. WTI 유가 선물 가격은 배럴당 100~110달러 수준을 넘나들고 있다. 미국의 투자은행 골드만삭스는 2022년 6월 발표한 보고서에서 2022년 연말 WTI 유가를 125달러로 전망하며 원자재에 대한 비중 확대 의견을 제시한 바 있다.

미국 바이든 대통령은 유가 안정을 위해 OPEC에게 원유 생산을 증가하라고 수차례 요구했지만 정작 OPEC는 증산에 미온적인 반응을 보이고 있다.

→ OPEC가 증산을 머뭇거리는 이유 ←

그럼 OPEC는 왜 원유 증산을 머뭇거리는 걸까? OPEC 입장이 되어 생각해 보면 그 이유를 짐작할 수 있다. 원유 수요는 경제 상황에 따라 빠르게 변화하지만 원유 생산은 반응이 더디다. OPEC이 원유 생산을 늘리기 위해서는, 지금 당장의 수요만 아니라 향후에도 원유 수요가 더 늘어나리라는 확신이 있어야만 가능하다.

하지만 아직 OPEC는 향후 원유 수요 증가에 대해 확신하지 못하고 있는 듯하다. 특히 코로나19 사태 초기 원유 선물 가격이 마이너스로까지 추락하는 상황을 경험하였기 때문에 섣불리 원유 생산을 늘리기보다는 신중하게 반응하는 것 같다.

신재생에너지 시장이 꾸준하게 커지고 있는 점도 OPEC에게는 부담이다. 국제에너지기구의 자료에 따르면 2021년 전세계 전기차 등록 대수는 1,650만대로 2020년 대비 60%나 증가했다. 또한 2021년 기준 전세계 신차 판매에서 전기차의 비중도 9%로 높아졌다. 노르웨이의 경우 신차에서 전기차가 차지하는 비중이 무려 64%를 기록하고 있다. 중국과 유럽에 비해 전기차 보급이 늦었던 미국도 2025년에는 신차중 전기차 비중이 10%를 넘어설 것으로 예상되고 있다.

각국 정부가 탄소배출 감소를 위해 신재생에너지에 대해 보조금 지원, 세금감면 등 정책 지원에 나서고 에너지 기술도 발전하면서 신재생에너지의 단가는 계속 낮아지고 있다. 국제에너지기구(IEA)가 2021년 10월 발표한 보고서(World Energy Outlook 2021)에 따르면 미국과 유럽, 중국, 인도의 경우 태양광과 풍력발전의 균등화발전원가(LCOE)는 이미 화력발전보다 낮아졌다고 한다.

⟶ 결국에는 신재생 에너지로 ⟵

고유가 시대가 다시 찾아 올까? 세계 각국이 신재쟁에너지 육성에 나서고 있는 현실을 감안할 때, 원유 가격이 100달러 이상에서 아주 오랫동안 유지될 가능성은 낮아 보인다. 오히려 유가가 상승할수록 천연가스나 원자력발전 같은 저탄소 에너지와 풍력, 태양광 같은 신재생에너지에 대한 관심은 더욱 커질 전망이다. 화석연료

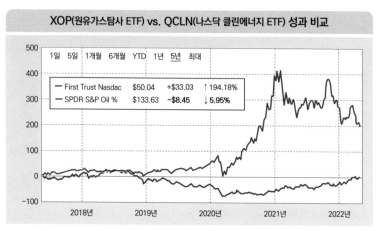

자료: 구글 파이낸스, 2022.5.13 기준

관련 기업에 투자하는 미국의 SPDR 원유가스탐사 ETF는 5년간 수익률이 마이너스 5.9%로 부진에서 벗어나지 못하고 있다. 반면 신재생에너지 관련 기업에 투자하는 퍼스트-트러스트 나스닥 클린에너지 ETF는 같은 기간 중 194%나 상승했다.

국제에너지기구의 자료에 따르면 2020년 기준 전세계 전력 생산 중 화력발전이 차지하는 비중은 61%로 신재생에너지 28% 보다 두 배 이상 비중이 높다. 하지만 2030년에는 이 비율이 43% 대 46%로 역전되어 신재생에너지 발전이 더 커지고, 2050년에는 격차가 17% 대 71%로 더욱 벌어질 전망이다,

신재생에너지는 전력 생산 못지않게 전력 저장도 매우 중요하다.

화력발전은 필요에 따라 전력 생산량을 조절이 쉬운 편이지만 신재생에너지는 지형, 기후, 날씨 등 자연조건에 따라 전력 생산량의 변동이 크기 때문이다.

따라서 전력에 여유가 있을 때 배터리를 이용해 전기를 충전한 후 전력 수요가 많을 때 다시 꺼내 쓸 수 있는 전력저장장치(ESS), 여유 전력으로 그린수소를 만든 후 수소전지로 보관하는 기술, 일시적으로 신재생에너지의 가동률이 낮을 때 부족분을 메우는 데 유용하게 활용될 수 있는 소형모듈형원전기술(SMR)이 각광받을 것으로 예상된다. 국제에너지기구도 여러 신재생에너지 분야 중에서 2차 전지의 성장 잠재력이 가장 크다고 내다봤다. 고유가 지속될수록 최대 승자는 결국 신재생에너지라는 점을 잊지 않아야 한다. 다음은 전력부족 해결과 친환경에너지 정착을 위해서 반드시 필요한 배터리에 대해 살펴보자.

장기적으로 유망한 투자 테마는 2차 전지

→ 전기저장기술이란? ←

유럽은 전력 생산에서 수력과 풍력, 태양광과 같은 신재생에너지의 비중이 이미 평균 20%를 넘어섰다. 수력 자원이 풍부한 노르웨이, 스웨덴, 핀란드 등 북유럽 국가에서는 이 비율이 40%에서 70%까지 높아졌다. 하지만 유럽의 에너지 부족 사태는 탄소중립 경제로 전환하는 것이 결코 쉬운 일이 아니라는 사실을 보여주고 있다.

→ EU 국가들의 신재생에너지 비중 ←

첫째 친환경에너지 전환이 성공하기 위해서는 첫째 친환경 발전에 더 많이 투자하는 것과 둘째 더 저렴한 가격에 친환경에너지를 생산할 수 있는 기술적 발전을 이루어내는 것이 중요하다. 하지만 이것 못지않게 중요한 것이 전기저장기술이다. 전기저장기술이란 생산된 전력량에 여유가 있을 때 저장한 뒤 필요할 때 꺼내서 사용할 수 있는 기술을 말한다.

전기는 물과 함께 인류의 생존을 위해 없으면 안되는 매우 중요한 자원이다. 전력 부족으로 갑자기 정전사태가 발생한다면 공장가동이 중단되거나 거리의 신호등이 꺼지고 엘리베이터가 멈춰서고 병원이 수술을 멈춰야 하는 등의 혼란이 빚어질 것이다. 따라서 안정적 전력 확보는 매우 중요하다.

화력 발전의 경우 발전기를 가동하고 남는 석탄이나 석유, 가스는 비교적 쉽게 보관할 수 있다. 하지만 친환경에너지의 경우는 다르다. 풍력 발전, 태양광 발전, 수력 발전 같은 신재생에너지는 자연환경에 크게 영향을 받기 때문이다. 풍량이나 일조시간, 강수량은 우리 마음대로 결정할 수 없다. 바람이 많이 불면 풍력 발전기에서 평소보다 더 많은 전기가 만들어져 전기가 남아돌게 되고, 바람

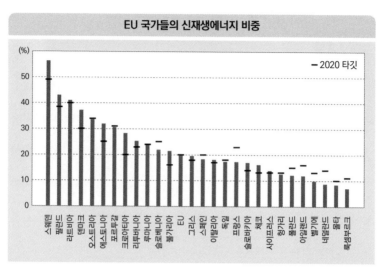

자료: 유로스태트

이 잘 불지 않으면 풍력 발전기의 가동률이 낮아져 전기가 부족하게 된다.

실제로 지난 2020년 유럽이 전력난을 겪은 원인 중 하나가 유럽 지역을 강타한 이상 기후로 북부해안지역 풍력 발전기의 전력 생산이 평소보다 저조했기 때문이었다. 따라서 신재생에너지는 전기를 보관할 수 있는 별도 시설이 필요하다. 전력저장시설을 확보해야 예측할 수 없는 자연현상 변화로 인해 빚어질 수 있는 전력 수급 공백을 최소화할 수 있기 때문이다.

→ 전력저장시설은 엄청나게 큰 배터리 ←

전력저장시설 역할을 하는 것이 바로 배터리다. 전력저장시설에 사용되는 배터리도 스마트폰이나 전자제품, 전기자동차에 사용되는 리튬이온 배터리와 같은 것이다. 다만 전력저장시스템에 사용되기 위해서는 스마트폰에 사용되는 배터리보다 엄청나게 크고, 더 많은 양의 배터리가 사용된다는 점이 차이다.

현재 사용되고 있는 전력저장시스템(ESS)은 태양광 발전이 가능한 낮시간에 남아도는 전기를 저장한 후, 가정에서 전력 수요가 증가하는 저녁시간대에 부족한 전력 공급을 보충하는 것처럼 몇시간 동안 사용될 분량의 전기를 저장하는 수준이 대부분이다. 하지만 대규모 전력난이나 폭염이나 한파와 같이 지속되는 기상이변 상황에 대비하기 위해서는 몇시간이 아니라 몇일 또는 길게는 몇주 동안 사용할 전기의 저장도 가능한 대규모 저장장치의 개발이 필요하다.

→ 베터리는 친환경 시대 최대 승자 ←

블룸버그 통신에 따르면 2022년 전세계의 전력저장시스템의 용

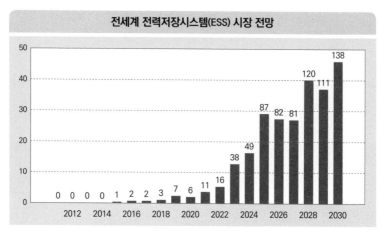

전세계 전력저장시스템(ESS) 시장 전망

자료: 블룸버그

량은 16GW/Year로 예상된다. 이것이 2030년에는 138GW/Year로 폭발적으로 증가할 것으로 예상된다. 참고로 1GW/Year는 대략 말 130만 마리가 1년 동안 쉬지 않고 낼 수 있는 힘과 같은 수준이다. 앞으로 얼마나 폭발적으로 배터리 수요가 증가할지 쉽게 짐작이 가능하다.

　국제에너지기구도 최근 발표한 에너지 시장 전망 보고서에서 친환경 산업 중 가장 빠르게 성장할 산업으로 배터리를 지목했다.

다행스러운 점은 더 작고, 더 오래가고, 더 힘이 좋은 배터리 개발
을 위한 업체들간의 경쟁 덕분에 지난 10년간 배터리의 평균 가격
은 88% 정도 낮아졌다는 점이다.

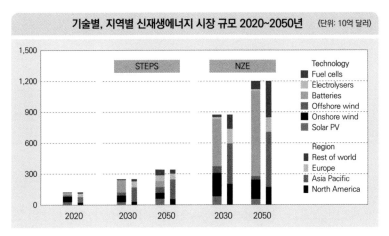

기술별, 지역별 신재생에너지 시장 규모 2020~2050년 (단위: 10억 달러)

자료: 국제에너지기구

네이버도 페이스북도
메타버스로

→ 판이 커지고 있는 메타버스 ←

메타버스 시장의 판이 커지고 있다. 지난해 우리나라 주식시장
에 메타버스 ETF가 처음으로 상장된 후 메타버스가 주식시장의 큰
테마가 되었다. 미국에서는 페이스북의 최고경영자 마크 저커버그
(Mark Zuckerberg)가 메타버스를 '차세대 인터넷'이라고 명명하고,
"페이스북을 메타버스 회사로 전환하겠다"고 선언했다. 회사의 이
름도 '메타'라고 변경하고, VR(가상현실)과 AR(증강현실)을 총괄하는
리얼리티랩스 산하에 메타버스 전담조직을 새로 꾸리고 100억 달
러를 투자하겠다고 밝혔다.

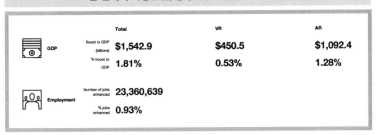

2030년 전세계 가상현실, 증강현실 시장규모 및 고용 전망

		Total	VR	AR
GDP	Boost to GDP (billions)	$1,542.9	$450.5	$1,092.4
	% boost to GDP	1.81%	0.53%	1.28%
Employment	Number of jobs enhanced	23,360,639		
	% jobs enhanced	0.93%		

자료: PWC, Seeing is believing

2030년 전세계 분야별 가상현실, 증강현실 시장 규모 전망

	Product and service development	Healthcare	Development and training	Process improvements	Retail and consumer
Boost to global GDP (billions)	$359.4	$350.9	$294.2	$275.0	$204.0
% boost to global GDP	0.42%	0.41%	0.34%	0.32%	0.24%

자료: PWC, Seeing is believing

우리나라 네이버도 일본 최대 IT기업 소프트뱅크 등에서 2천 억 원을 유치해 메타버스 사업 확장에 나섰다. 페이스북, 구글, 로블록스 등 거대 IT기업이 경쟁을 벌이는 각축장에 한국과 일본 대표 IT기업이 함께 도전장을 낸 것이다.

글로벌 컨설팅회사 PWC가 발표한 보고서에 따르면 2022년 2,065억 달러 수준인 전세계 메타버스 시장은 2030년에는 규모가

1조 5,429억 달러로 10배가 커질 것으로 전망되고 있다.

→ 메타버스란 무엇인가? ←

인터넷은 우리들의 생활의 모습을 크게 변화시켰다. 1990년대 하이텔과 천리안으로 대변되는 PC통신 시대에서 출발한 인터넷은 이제 스마트폰으로 책을 주문하고 영화를 시청하고 학교와 직장에 가지 않고서도 화상 수업과 원격 근무가 더 이상 가능하도록 진화했다.

지금의 인터넷을 컴퓨터 모니터나 스마트폰 화면을 통해 연결되는 2차원 인터넷이라고 한다면, 메타버스는 3차원 입체 인터넷의 세계라고 말할 수 있다. 5G 이동통신, 실시간 스트리밍, 사물인터넷(IoT), 인공지능(AI), 가상화폐, 가상현실(Virtual Reality · VR) 등 기술 발전에 따라 가능해진 것이다. 페이스북 최고경영자는 "다음 세대에는 메타버스가 기존 인터넷 플랫폼을 대체하면서 유튜브나 페이스북의 모든 영역을 메타버스가 침투할 가능성이 높다"고 말한 바 있다.

가상현실과 증강현실 기술의 발전으로 공상과학영화 매트릭스나 아바타에서와 같이 현실과 가상세계를 자유자재로 넘나드는 것이 가능해질 것이라고 전문가들은 예측하고 있다.

→ 메타버스에서 무엇을 할 수 있을까? ←

메타버스는 현실 세계를 기반으로 사용자들이 현실과 유사하게 사회적 활동을 할 수 있다는 점이 특징이다. 자신만의 아바타를 만들어 다른 사람들과 소통하고 실제로 가본 적이 없는 장소에 놀러가거나 콘서트나 전시회 같은 각종 이벤트에도 참여할 수도 있다.

대표적인 메타버스 플랫폼으로는 미국 온라인 게임업체 로블록스가 유명하다. 로블록스는 블록으로 구성된 3D 가상 세계에서 아바타로 게임을 즐기며 사용자 간 채팅, 통화는 물론 게임 제작까지 할 수 있다. 미국 16세 미만 청소년의 55%가 로블록스에 가입했고 2022년 1분기 기준 매일 평균 5,410만 명이 접속하고 있다(자료: Statista 2022). 로블록스에서는 현실과 같은 경제활동도 가능하다. 사용자는 게임을 직접 만들 수 있고 게임이 팔리면 로벅스라는 가상 화폐를 받게 된다. 이것은 실제 화폐로도 바꿀 수 있다.

메타버스가 게임으로 잘 알려져 있지만, 사실 메타버스는 게임이나 채팅과 같은 개인의 여가 활동 외에도, 기업, 의료, 국방 등 다양한 영역에서 유용하게 활용될 수 있다. 기업은 메타버스의 3차원 가상 플랫폼을 통해 제품의 연구개발 비용을 획기적으로 절감하고, 개발기간도 크게 단축할 수 있다. 의료시설이 부족한 농촌지역의 환자를 메타버스 기능을 활용해 원격으로 진료하고, 수술도 할 수 있다.

폭발물 해제 교육이나, 전투기 훈련과 같이 위험한 상황도 메타버스를 통해 인명의 위험 없이 현실과 유사한 훈련이 가능해진다.

→ 메타버스에 투자하기 ←

기술혁명은 주가 급등으로 연결된다. 미국 주식시장을 예로 들면 인터넷 정보통신 혁명에 힘입어 지난 10년간 미국의 인터넷 기술주는 557% 상승을 기록했다. 이것은 같은 기간 미국 S&P500지수의 상승률 257%를 크게 뛰어넘는 실적이다.

다음 세대의 기술혁명을 이끌어갈 트렌드는 바로 메타버스다. 메타버스 시장 규모가 2030년에는 지금보다 10배나 성장할 것이라는 전문기관의 전망을 감안하면 메타버스가 장기적으로 매우 매력적인 투자 대상임은 분명하다.

메타버스를 이끌어가는 기업에 대해 관심을 기울여야 한다. 회사 이름을 '메타'로 개명하면서 메타버스에 올인하고 있는 미국의 페이스북, 전세계 젊은이들을 끌어들이며 메타버스의 대표 플랫폼으로 떠오른 게임업체 로블록스, 실시간 3D 협업 플랫폼 옴니버스를 개발한 엔비디아, 메타버스 소프트웨어 개발회사인 유니티 소프트웨어 등을 메타버스의 대표주자로 꼽을 수 있다.

하지만 유의할 점은 현재 메타버스의 발전단계는 아직 초기단계라는 점이다. 따라서 지금 당장은 메타버스에서 눈에 띄는 실적을 기대하기 어려울 수 있고 적자를 기록중인 기업도 많다. 따라서 메타버스의 미래에 대한 막연한 기대감만 가지고 투자하는 것은 조심할 필요가 있다. 미래에 대한 기대감으로 주가가 급하게 올랐지만, 막상 실적이 뒷받침되지 않으면 주가가 조정을 받을 가능성이 있기 때문이다. 메타버스 투자는 장기적 관점에서 접근하는 전략이 바람직하다고 할 수 있다.

자산버블
얼마나 큰가?

코로나19 이후 전례없는 유동성 확대와 미래산업 성장에 대한 기대로 승승장구하던 금융시장이 2022년 들어 인플레이션과 금리 인상 부담으로 흔들리고 있다. 실물경제 회복 속도를 크게 앞서 나갔던 자산 가격도 조정을 받고 있다. 그에 따라 자산 가격 버블이 붕괴되는 것이 아닌가 하는 두려움이 커지고 있다.

초저금리가 한창이던 2021년말 미국의 명목 GDP 대비 통화량(M2) 비율은 90%를 넘어서 사상최고 수준을 기록했다. 초저금리 영향으로 현금성 상품에서 위험은 높더라도 기대수익률이 높은 자산으로 대규모 자금 이동이 나타났다. 2021년 미국 GDP 대비 주식시장의 시가총액 비율은 사상최고 수준 넘어섰고, 물가상승을 감안한 실질 주택가격도 서브프라임 모기지 사태 직전의 고점보다 높아졌다. 암호화폐 시장의 대장격인 비트코인의 시장 규모도 2021년 1조 달러를 넘어 한때 우리나라 코스피 시가총액의 70% 수준으로까지 급성장했다.

하지만 미국 연준은 코로나19 팬데믹 당시 0%로 떨어뜨렸던 기준금리를 빠르게 인상하고 있다. 2022년 6월 발표된 연준의 점도표는 2022년 말에는 정책 기준금리를 3.4% 정도로 인상할 수 있음을 시사했다. 더욱이 연준은 팬데믹이 한창이던 때에는 금융시장 안정

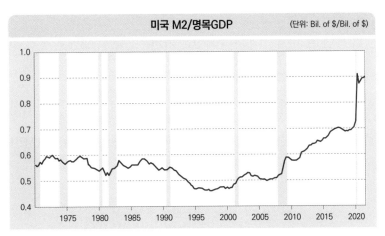

자료: 세인트루이스 연방준비은행 (회색 막대는 미국 경기 침체기)

미국 가처분소득 대비 가계순자산 (단위: %)

자료: 세인트루이스 연방준비은행 (회색 막대는 미국 경기 침체기)

을 위해 국채와 모기지 채권을 사들였으나, 2022년 6월부터는 반대로 만기상환 시키거나 시장 매각을 통해 보유자산 규모를 축소해가는 작업에 돌입했다.

2021년 말 미국 가계의 순자산은 가처분소득의 7.8배로 통계 집계 이후 가장 높은 수준을 기록했다. 하지만 연준이 통화 긴축에 돌입함에 따라 전환점을 맞은 것으로 보인다. 과거 사례를 보면 급격한 가계 자산 급증 이후에는 경기침체가 찾아오는 경우가 많았다.

→ 이번 자산 가격 버블의 특징 ←

이번 자산 가격 버블은 규모 면에서 이전 버블을 압도하지만, 경제의 약한 고리가 민간부문에서 공공부문으로 이전해 급격한 버블 붕괴 가능성은 상대적으로 낮아졌다는 점이 특징이다.

자산 가격 버블이 규모면에서 이전 버블을 압도한다는 것에 대해 살펴 보자. 과거 2000년 정보통신 주식에 집중되었던 밀레니엄 버블, 2008년 부동산과 부동산 유동화 상품에 집중되었던 서브프라임 모기지 사태 당시에 비해, 2020~2021년 경제는 코로나19라는 비상 상황에서 전례없는 규모의 유동성이 풀리면서, 특정 부문에 국한된 것이 아니라 부동산, 회사채, 주식, 대체자산 등 대부분 자산의 가격이 팽창했다.

아울러 과거와 달리 자산 가격 버블 형성에 있어 기관투자자 외에도 일반 개인투자자의 참여가 크게 확대된 점 역시 주목할 만하다. 이번 유동성 장세에 뛰어들지 않으면 나만 소외될지 모른다는 두려움 즉, FOMO(Fears of missing out)현상도 버블을 확대시킨 한 요인이다.

따라서 만약 자산버블 붕괴될 경우, 그로 인한 자산시장의 충격은 이전 위기 상황에 비해 매우 광범위하고 클 수도 있다.

두 번째 특징으로는, 이전 글로벌 금융위기 당시와 비교했을 때, 현재는 민간의 부채 부담은 낮아진 반면, 정부와 중앙은행의 부채 부담이 커졌다는 점이 다르다. 코로나19 위기 대응 과정에서 재정 지출 확대로 정부의 부채부담이 크게 증가하였고, 대규모 통화완화로 중앙은행의 자산/부채 규모도 매우 커졌기 때문이다,

민간에 비해 충격 흡수 능력이 앞서는 공공 부분으로 경제의 약한 고리가 이전했다는 점에서 자산 가격 버블이, 2008년 리먼사태 당시와 같은 신용경색이나 연쇄부도 사태로 이어질 가능성은 상대적으로 높지 않아 보인다.

→ 버블 붕괴 시나리오 ←

버블은 자산가치가 실물경제에 비해 지나치게 부풀려진 상태를 말한다. 따라서 언제가 될지는 모르지만 결국 버블은 해소되게 된다. 필자가 보기에 이번에는 신용경색보다는 인플레이션과 금리 인상으로 인한 경제침체 우려가 자산 가격 조정의 직접적인 계기가 될 것으로 보인다.

신용 경색에 의한 버블 조정은 금융시장 조정이 가파르고 빠르게

진행되지만 회복도 빠르다는 것이 특징이다. 연쇄도산을 막기 위해 결국에는 정책 당국이 강하게 개입할 수밖에 없기 때문이다. 하지만 지금과 같은 경기 우려로 인한 조정은 버블 조정 과정이 길고, 회복도 더 오랜 시간이 소요되는 경향이 있다.

특히 지금의 인플레이션과 금리 인상은 일시적, 우발적 요인에만 의한 것이라기보다 기후변화 문제, 세계화 후퇴 같은 구조적 요인에 기인한 측면도 있기 때문에 많은 사람들의 생각보다 장기화될 위험이 있다. 일부 학자들은 지구 온난화를 코로나19 팬데믹 확산의 배경으로 꼽고 있다. 고유가도 우크라이나 전쟁이 직접적 원인이지만, 따지고 보면 신재생에너지 전환을 앞두고 전세계의 화석에너지 신규 투자가 크게 위축된 것에서도 그 원인을 찾을 수 있다. 미국 소비자물가 급등 원인 중 하나인 중고차 가격 급상승 문제도 미국의 대중국 첨단산업 규제로 차량용 반도체가 부족해져 자동차 생산이 차질을 빚게 된 점을 원인으로 지적하기도 한다.

이제 세계 경제는 2000년대 장기 호황을 이끌었던 저물가, 저유가, 저금리의 3저 시대를 마감하고 3저 시대보다 높아진 유가, 물가, 금리 수준에서 새로운 균형을 찾아가고 있다는 것이 필자의 시각이다. 2022년 6월 현재 국내외 주식시장의 조정 폭은 통상적인 조정 수준을 넘어 경기침체 확률을 일부 반영하는 수준에까지 접어들었지만, 고유가, 고물가, 고금리 문제가 경제에 충분히 반영되기 전까지는 시장의 추세적 반등을 논하기에는 이르다고 판단된다.

자산버블의 붕괴는 고통스럽다. 하지만 버블 붕괴를 자본시장이 새로운 균형을 찾아가는 과정이라는 시각에서 봤을 때 경제와 금융시장의 장기적 성장을 위해 꼭 필요한 것이고, 그 속에서 새로운 투자기회가 찾아올 수 있음을 위로 삼아보는 것은 어떨까?

→ 대응 전략 ←

버블이 붕괴하면 거의 모든 자산 가격이 하락하기 때문에 사실상 대응이 쉽지 않다. 우선은 안전자산 비중 확대가 바람직하다. 달러 ETF, 미국 국채 ETF, 국고채 ETF를 대안상품으로 꼽을 수 있다. 원자재 관련 상품도 인플레이션 헤지 측면에서 일부 관심을 가져볼 만하다. 주식은 현금흐름이 우수한 우량주가 시장 변동성 확대 위험에 덜 영향을 받을 것으로 생각된다.

암호화폐에 독(毒)이 될 수 있는
통화긴축

→ **암호화폐 시장 현황** ←

암호화폐는 블록체인이라고 불리는 분권화된 디지털 원장 기술에 기반한 디지털 화폐다. 따라서 1)일반화폐와 달리 발행과 유통에 있어 정부나 중앙은행, 금융기관에 의존하지 않고, 2)거래의 익명성이 보장된다는 특징을 가지고 있다. 이같은 특징에 코로나19 사태 이후 글로벌 유동성 팽창과 디지털 경제 성장으로 암호화폐에 대한 일반 투자자들의 관심이 크게 확대되었다.

코인마켓캡(CoinMarketCap.com) 자료에 따르면 2021년 11월 전세계 암호화폐 거래소에 등록된 암호화폐의 개수는 14,319개로 시가 총액은 3,047조 원에 이르는 것으로 집계되었다. 그중 암호화폐 1위 와 2위인 비트코인과 이더리움이 전체 암호화폐 시장 시가총액의 43%와 19%를 차지하고 있다.

→ 암호화폐 시장 급성장했으나 신중론도 여전 ←

비트코인 시장 규모는 2020년 초 만해도 코스피 시가총액의 10% 에 불과했으나, 2021년 말 즈음 1조 달러로 성장해 코스피 시가총

자료: 블룸버그

액 대비 60%를 넘어섰다. 또한 전세계 증권 거래소에 37개의 비트코인 관련 ETF가 상장되어 시가총액이 118억 달러에 이르고 있다.

하지만 암호화폐는 금이나 주식과 같은 자산과 달리 내재가치가 없고 투기적 수요로 가격이 크게 부풀려져 있기 때문에 신중해야 한다는 시각도 존재한다. 미국 증권감독당국은 2021년 10월 비트코인 선물 ETF를 승인했지만, 비트코인 실물 ETF 출시는 신중한 모습이고 국내 증권감독당국도 암호화폐의 펀드편입을 허용하지 않고 있다.

→ 인플레이션 헤지와 포트폴리오 분산 효과 ←

1) 암호화폐가 인플레이션 헤지 기능이 있고, 2) 초저금리로 전통적 주식 및 채권 포트폴리오의 분산투자 효과가 약화된 상황에서 일정부분 암호화폐를 편입할 경우 전체 포트폴리오의 효율성을 높일 수 있다는 점, 3) 디지털 경제의 급성장으로 암호화폐 사용도 함께 증가할 것이라는 기대, 4) 암호화폐 거래에 참가하는 금융기관들이 점차 증가하고 있다는 점은 암호화폐 성장을 낙관하게 만드는 요인이다.

하지만 암호화폐의 역사가 비교적 짧고 최근 암호화폐 급성장은 코로나19라는 특수한 상황에서 나타난 위험추구 현상에 기인한 측면도 있는 만큼, 향후 통화정책 정상화 과정을 거치면서도 암호화폐가 성장을 유지할지 확인이 필요하다.

→ 암호화폐는 고위험 상품 ←

국내 감독당국이 금융투자상품을 통한 암호화폐 직접투자를 허용하지 않고 있기 때문에, 그 대안으로 1) 암호화폐 또는 암호화폐 관련 기업에 투자하는 해외 펀드나 해외 ETF에 우회적으로 투자하는 방법, 2) 국내 설정 펀드 중 암호화폐와 관련된 사업을 영위하는 기업이 편입된 펀드 투자를 통해 간접적으로 암호화폐 투자효과를 얻는 방법이 있다.

유의할 점은, 암호화폐의 성장성과 순기능에 대한 긍정적 시각이 증가하고 있지만 다른 한편으로 암호화폐는 적정가치 개념이 없고 당국의 감독 영역밖에 있는 고위험 자산이라는 것을 잊으면 안된다. 따라서 암호화폐에 대해서는 분산 투자 원칙에 입각해 위험을 감당할 수 있는 범위 내에서 투자해야 한다.

저무는
초저금리 시대

전세계 물가가 급등하면서 금리가 빠르게 상승하고 있다. 미국은 소비자물가가 40년 이래 최고 수준으로 올라섰고, 우리나라도 2008년 이후 최고 수준이다. 물가 불안을 방치하면 인플레이션은 걷잡을 수 없게 되어 경제 안정의 근간을 흔들 것이다. 이에 각국의 중앙은행이 공격적으로 금리 인상에 나서고 있다.

시장 금리도 크게 상승했다. 코로나19 발생 직후 1%대 초반이던 우리나라 5년 만기 국고채 수익률은 2022년 6월 현재 3.6%를 넘어섰고, 0.6% 수준으로까지 낮아졌던 미국의 10년 만기 국채수익률도 3%를 넘어섰다. 특히 팬데믹 이후 마이너스 수준으로 낮아졌던 미국의 실질 국채금리가 금년 들어 빠르게 상승하면서 플러스로 돌

미국 10년 만기 실질 국채수익률 플러스로 전환 (단위: %)

자료: 미국 세인트루이스 연방준비은행

아셨다. 마이너스 금리 시대, 초저금리 시대가 저물고 있는 것이다.

→ 초저금리의 명암 ←

초저금리, 특히 마이너스 금리는 일반적인 상식으로는 쉽게 받아
들이기 어려운 것이었다. 돈을 빌려주는 사람이 이자를 받는 것이
아니라, 반대로 이자를 내야 하는 상황이 상식적으로 쉽게 이해되
지 않을 것이다. 하지만 코로나19 이후 유럽의 국채금리는 마이너
스로 하락해 채권을 사는 사람이 이자를 받는 것이 아니라 실제로

이자를 지불해야 하는 기이한 현상이 연출되었다.

경제가 어렵고, 코로나19 팬데믹이라는 위기 상황까지 겹쳐 극약 처방으로 초저금리 정책이 시행된 것이지만, 그로 인한 명암은 분명했다. 일단 코로나19 위기로 인한 경기침체의 급한 불은 초저금리 효과로 끌 수 있었으나, 그로 인해 풀려난 막대한 유동성이 투자 열풍과 자산 가격 상승으로 이어졌다. 금리가 낮아지고, 심지어 마이너스인 상황에서 많은 이들이 저축을 통한 자산 증식보다는 자의 반, 타의 반으로 고위험 상품 투자에 나섰다.

하지만 '돈 권하는 사회'의 문제점도 분명해졌다. 실물경제의 뒷받침 없는 자산 가격 상승은 자산 버블 우려를 키웠고, 시중에 풀린 유동성은 인플레이션 압력으로 되돌아왔다. 빈부 격차 문제도 더욱 심각해졌다.

→ 초저금리 복귀는 어려움 ←

지금과 같은 빠른 금리 상승은 언젠가는 진정될 것이다. 높아진 금리가 가계와 기업에 부담으로 작용해 경제활동을 둔화시키면 거꾸로 금리 상승 압력도 완화될 것이기 때문이다.

하지만 초저금리로 인한 문제점이 확인되었고, 인플레이션도 쉽게 진정되기 어려운 상황이라는 점을 고려할 때, 앞으로 금리 상승세가 진정되더라도 이전과 같은 초저금리 시대로 되돌아갈 가능성은 희박해 보인다.

⟶ 자산관리 시사점 ⟵

초저금리 시대 마감에 따른 자산관리 시사점을 정리해 보자.

첫째, 높아진 금리는 금융자산의 가격 변동성 확대로 이어질 수 있다.

고위험 자산일수록 금리 상승으로 인한 부담은 커질 것이다. 금리 상승에 따른 자산 가치의 할인 폭은 고위험 자산일수록 커지기 때문이다. 만약 내 전체 자산 중 고위험 자산이 차지하는 비중이 팬데믹을 거치면서 많이 증가했다면, 이제는 적정 수준으로 조절하는 전략을 고려해야 한다.

둘째, 금리 상승은 차입 비용 증가를 의미한다. 따라서 레버리지 투자, 소위 빚투는 신중해야 한다.

셋째, 초저금리 상황에서는 현금성 상품이나 채권이 투자 자산의

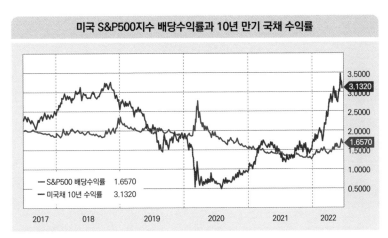

미국 S&P500지수 배당수익률과 10년 만기 국채 수익률

- S&P500 배당수익률   1.6570
- 미국채 10년 수익률   3.1320

3.5000
3.1320
3.0000
2.5000
2.0000
1.6570
1.5000
1.0000
0.5000

2017   018   2019   2020   2021   2022

자료: 블룸버그

역할을 하기 어려웠지만, 금리가 높아지면 이들 자산에도 관심을
가져야 한다.

금리 상승이 끝난 것이 아니기 때문에, 지금 당장 채권 투자를 확
대하기에는 어려움이 따른다. 하지만 금리 상승으로 이들 자산의
상품성이 점차 나아지고 있는 점은 분명하다. 우리나라 코스피 지
수와 미국 S&P500지수의 배당수익률보다 국채금리가 더 높아졌다.
그리고 현금과 채권은 주식 같은 초고위험 자산과 분산투자 효과도
높기 때문에 적절히 투자하면 전체 자산의 위험을 관리하는 데에도
도움이 된다.

2장

떠오르는 **신흥 강자,**
중국

대국이지만
아직은 공산국가

우리나라와 마찬가지로 아직은 신흥시장에 속하는 중국 주식시장은 미국과 달리 야생마처럼 걷잡을 수 없이 오르거나 내리는 경우가 많다. 그래서인지 단기 고수익을 추구하는 개인투자자들이 가장 즐겨 투자하는 시장 가운데 하나다. 시장 등락폭이 크면 주가가 낮을 때 사서 높은 시점에 팔 수 있다는 기대가 있기 때문인 듯하다. 더욱이 50개 종목으로 구성된 홍콩 H지수는 오르내리는 폭이 다른 시장보다 큰 편이어서 ELS(Equity Linked Security)라 불리는 주가지수 연계 상품의 기초지수(Underlying Index)로 아주 많이 활용된다.

"태훈아, 주변에 중국 주식시장에 투자하는 사람들이 많던데 너도 투자하고 있니?"

"주식은 투자하지 않아. 대신 홍콩 H지수와 연계된 ELS 상품을 조금 가지고 있어."

"그렇구나, 수익률은 얼마 정도이니?"

"6개월마다 조기 상환될 수 있는 기회가 있는데 최대 연5%까지 기대할 수 있는 상품이야."

"아, 기대 수익률이 꽤 높구나."

"맞아, 하지만 얼마전 홍콩 H지수가 떨어져서 조금 걱정스럽기는 해."

"중국이나 홍콩 시장은 원래 등락이 자주 있는 시장이지. 아마 나중에는 다시 오를 거야."

우리나라 투자자들이 선호하는 시장 가운데 하나는 바로 중국, 홍콩이다. 인접 국가인 중국은 과거에는 투자와 수출로 고성장을 구가했지만 이제는 소득 증가를 바탕으로 내수 시장이 꾸준히 커지고 있다. 더욱이 기술력을 강화하기 위해 정부 차원에서 투자와 지원을 아끼지 않고 있어서 투자 기회가 많다. 이를 반영하듯 투자상품도 주가지수연계 ELS 외에 업종 분산형 외 특정 테마 주식형 펀드와 ETF까지 다양하게 출시되고 있다.

세계 2위 경제 규모인 중국이 미국을 거세게 추격하고 있지만 질적인 면에서는 격차가 크다. 미국에는 최고 유명 대학과 대학원이 몰려 있을 뿐만 아니라 전세계 우수 인재들이 '아메리칸 드림'을 꿈꾸며 미국으로 모여든다. 기업 경영의 투명성도 세계 최고 수준이다. 아울러 회사의 여러 이해관계자 중에서 주주를 가장 중요시하는 문화도 잘 형성되어 있다. 이는 투자자들 입장에서 아주 유리한 부분이다. 기업이 어려울 때 구조조정을 포함한 비용절감 노력을 하면 주가에 긍정적 영향을 끼치며 이는 당연히 투자자인 주주에게 좋다.

기업의 이해관계자는 주주, 경영진, 종업원, 거래처, 감독기관, 정부 등 다양한데, 아시아와 유럽에는 주주보다는 노조로 대표되는 종업원의 힘이 매우 강한 회사가 많다. 더욱이 중국 같은 공산주의 체제 국가는 주식시장에 대한 정부의 입김이 강하다. 세계 최대 전자상거래 업체인 중국의 알리바바(Alibaba)는 최근 정부의 독과점 규제 여파로 주가가 조정을 받았다. 실제 핀테크(fintech) 부문 자회사인 앤트 그룹(Ant Group)의 홍콩 상장을 정부가 저지하고 심지어 알리바바가 보유한 동사 지분을 매각하도록 압박하기도 했다.

이는 정부가 상장기업의 주주에게 불리한 영향을 끼치는 대표적 사례로써 중국시장에 투자하는 개인이나 기관이 유의해야 하는 중요한 위험 요소다. 이와 같이 중국은 경제 대국이고 또 투자 기회도 많지만 미국이나 다른 자본주의 국가와는 다른 걸림돌이 있다는 사실을 알고 접근해야 한다.

챙겨봐야 할
중국 경제지표

"중국시장을 가장 잘 설명해주는 경제지표를 하나만 꼽아주십시오." 예전에 필자가 중국 현지 전문가와 투자 미팅 후 물어봤던 질문이다. 당시 그는 중국 경제와 시장 흐름을 보여주는 수많은 지표들이 있는데, 그중 제일 중요한 것 하나만을 꼽는다는 것은 어렵다고 대답했던 것 같다.

지금 생각해 보면 투자의 세계에서 자만은 금물이고 시장 앞에 겸허해야 한다는 의미의 전문가다운 답변이었다고 생각된다. 하지만 수많은 중국 지표들의 의미를 일일이 이해하고 날마다 그 추이를 살펴볼 수 있는 사람이 얼마나 될까? 전문투자가가 아니라면 어려운 일일 것이다. 대부분 일반 투자자들의 경우 시간과 비용의 제약으로 접근할 수 있는 투자정보의 범위가 한정되어 있다. 또한 지나친 것은 모자란 것만 못하다는 말처럼 너무 많은 정보 역시 시장 판단에 결코 도움이 되지 않는다.

그렇다면 지금이 중국 주식을 살 때인지, 팔아야 할 때인지, 가지고 있는 주식을 계속 보유해도 괜찮을지에 대한 신호를 보여주는 지표가 있을까? 경제 성장률, 물가, 수출, 통화량 등등 여러 가지 경제지표가 있지만 그 중 과감하게 하나의 지표를 꼽는다면 외환보유고를 선택하겠다. 그 이유를 살펴보자.

→ 외환보유고는 신뢰도가 높다 ←

국내총생산(GDP) 등 경제활동지표는 작성 기준 변경이나 취합 시점 등의 요인에 따라 지표의 왜곡 또는 오차가 발생할 여지가 있다. 물가나 서베이 관련 지표도 이런 위험에서 자유로울 수 없다. 반면 외환 보유고는 중앙은행과 정부가 가지고 있는 대외준비자산의 규모를 말하기 때문에 왜곡될 가능성이 낮다. 따라서 지표의 신뢰성이 높다.

기업의 재무제표를 분석할 때 자산규모(대차대조표)나 이익(손익계

산서)보다 현금흐름(현금흐름표)을 더 중요하게 보는 것과 같은 이치라고 할 수 있다. 자산이나 이익규모는 회계처리 방식에 따라 인위적으로 부풀리거나 축소할 수 있는 여지가 있지만 현금흐름 자체는 변화하지 않기 때문에 기업 실체 파악에 더 유리하다.

→ 외환보유고는 경제와 금융시장의 거울 ←

외환보유고는 중국의 실물경제와 금융시장 현황을 동시에 보여주는 거울이라고 할 수 있다. 중국은 세계 최대 교역국이고, 외환보유고도 3조 달러가 넘어 세계 1위를 기록하고 있다. GDP기준 경제 규모도 세계 2위 국가다. 하지만 이런 경제 규모에 비해 중국 위안화의 국제화 수준은 높지 않다. 전세계 지급결제에서 위안화가 차지하는 비중은 2%에 못 미치고 있다. 참고로 기축통화인 미국 달러와 유로화는 38%, 39% 수준이다. 사정이 이렇다 보니 중국도 무역거래와 금융시장의 안정을 유지하기 위해는 적정한 규모의 외환 보유고를 유지하는 것이 중요하게 된다.

외환보유고는 정부와 중앙은행이 가지고 있는 일종의 외화 비상금이라고 할 수 있다. 외환시장에서 달러가 부족해 위안화가 약세를 보일 경우 보유 외환보유고를 풀어서 외환시장을 안정시키고, 반대로 시중에 외환이 남아돌아가 위안화 절상으로 인한 부담이 커질 경우 외환시장에서 외환을 매입하여 위안화가 급격히 절상되는 것을 방어한다.

여기서 주목해야 할 것이 있다. 중국의 부채규모다. 중국의 민간과 정부를 합한 전체 부채가 GDP 대비 300%를 넘어서고 있다. 특히 기업 부채가 크게 증가해 글로벌 금융위기 이전인 2008년 말 99%이던 것이 2020년 220%를 넘어섰다. 글로벌 금융위기 이후 중국의 경제 성장 속도가 둔화되면서 많은 기업들이 성장을 위해서 부채 의존도가 높아졌음을 의미한다. 경제가 정상적이라면 별다른 문제가 없겠지만 경제가 어려워질 경우 부채증가가 금융부실로 이어질 위험이 커질 수 있다. 중국 정부가 외형적인 성장 확대에서 안정성장으로 정책기조를 변경한 이유도 이 같은 위험을 사전에 대응하기 위한 것이라고 생각된다.

중국 경제와 금융시장이 양호한 상황에서는 무역수지 흑자와 투자자금 유입으로 외환보유고가 증가할 것이다. 하지만 만약 중국의 경제 성장 둔화나 금융부실로 인한 신용경색 우려가 커지면 해외로 자금 유출 압력이 증가한다. 중국 당국은 외환시장에 개입하게 될 것이고 그 과정에서 외환 보유고는 줄어든다. 이 같은 이유에서 외환보유고가 새장 속의 카나리아(애완용 새)와 같이 중국 경제와 금융시장의 상황을 보여주는 좋은 지표가 된다고 생각한다.

⟶ 주가와 외환보유고의 관계 ⟵

중국 외환보유고와 주식시장은 실제로 연관이 높은 것을 차트에서도 확인할 수 있다. 지난 10년간 중국 외환보유고 전년동월비 증가율과 상해종합지수 차트를 보면 중국 주식시장이 버블기였던 2014년 하반기~2015년 상반기를 제외하면 서로 밀접한 관계에 있는 것이 확인된다. 2014~2015년 외환보유고와 주가의 움직임이 엇갈렸던 이유는 외환보유고가 주가 움직임을 제대로 반영하지 못했다기보다는 정부의 인위적인 주식시장 부양책으로 인해 주식시장이 실물경제와 괴리된 채 버블이 확대되었기 때문이라고 봐야 한다.

중국 외환보유고 증가율 차트에서 두 가지 시사점을 얻을 수 있다.

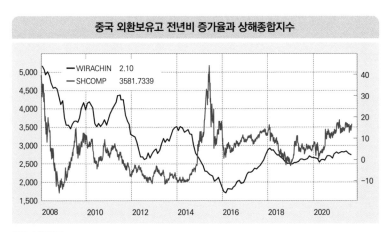

중국 외환보유고 전년비 증가율과 상해종합지수

자료: 블룸버그

　첫째는 2017년 이후 중국 외환보유고 증가율의 고점과 저점이 좁혀지고 있다는 사실이다. 외환보유고의 등락 폭이 축소됨에 따라 주식시장의 변동 폭도 자연스럽게 축소될 것이라고 예상할 수 있다. 둘째로 중국 외환보유고는 2020년 초반 코로나19 영향으로 전년동월비 감소를 기록했으나, 2020년 5월부터 증가 추세를 유지하고 있다. 외환보유고가 증가 추세를 유지하는 기간 중 주식시장도 상승추세가 유지되는 것이 일반적이었다. 물론 미국 연준의 통화긴축 선회로 인해 외화보유고의 흐름이 달라지는가 여부는 앞으로 유의할 점이다.

중국 공산당 100년과 주식시장

→ **중국 공산당의 역사** ←

지난 2021년 7월 1일은 중국 공산당 창당 100주년을 맞은 날이었다. 중국 공산당이 창당된 1921년 당시만해도 중국은 농업중심의 낙후된 전근대화 국가였다. 정치적으로는 여러 군벌이 국토를 나누어 지배하고 있었고, 일본 제국주의의 침략 위협까지 받던 어려운 상황이었다. 일본과 전쟁, 국민당과 국공내전을 거치고 공산당은 약 30년 후인 1949년에 비로소 중화인민공화국을 건국할 수 있었다.

우리가 잘 아는 '귀주 마오타이'가 중국을 대표하는 최고 명주의 반열에 오르게 된 데에는 대장정 당시 패주하던 공산당 홍군이 어느 마을에서 이 술을 대접받고 사기를 진작하게 되었고, 홍군이 중국을 석권한 이후에도 마오저둥이 마오타이를 잊지 않고 국가적 명주로 육성했기 때문이라는 스토리가 있다. 건국 후 중국 공산당은 약 30년간 전통적인 사회주의 모델에 따라 사회주의 사회를 건설하고자 했지만, 경제기반이 취약한 상황에서 뚜렷한 성과를 거두기는 어려웠다.

중국이 경제적으로 전환점을 맞이한 계기는 1970년대 말 등샤오핑 주석이 개혁개방 노선으로 선회하면서부터다. 1979년 미국과 수교관계를 맺은 후 본격적을 해외자본을 유치하면서 중국은 급속한 성장의 길을 걷게 되었다. 중국이 개방노선으로 선회한 30년(1980년~2010년)간 중국의 국내총생산은 매년 평균 10% 성장을 기록했다.

그 결과 경제규모는 개방 이전 보다 17배나 커졌다. 2001년 중국이 WTO(국제무역기구)에 가입하면서 세계 경제에서 중국이 차지하는 영향력은 급격하게 커졌다. 중국의 GDP 규모는 2007년에 전 세계 3위인 독일 GDP 넘어섰으며, 2010년에는 그전까지 세계경제 2위 국가인 일본의 GDP를 넘어서 G2의 자리를 차지하게 되었다. 1990년대까지 미국 GDP의 채 10% 수준에도 못 미치던 중국의 GDP 규모는 2022년에는 미국 GDP의 78% 수준으로 성장할 것으

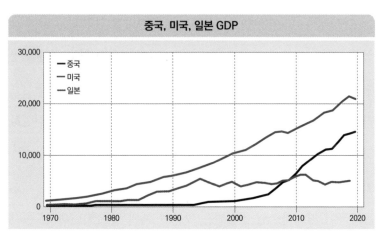

중국, 미국, 일본 GDP

자료: 블룸버그

로 예상된다.

중국은 두 개의 100년이라는 목표를 홍보하고 있다. 공산당 창당 100주년인 2021년까지 의식주 걱정 없이 풍족한 삶을 누리는 '샤오 캉(小康)'를 건설하고, 중국건국 100주년을 맞은 2049년까지 사회 주의 현대화 강국을 건설하겠다는 전략이다. 2019년 중국의 1인당 국내총생산이 1만 달러를 돌파하면서 샤오캉 사회 건설 목표는 달 성되었고, 이제 2049년까지 미국과 맞먹는 초강대국으로 성장하겠 다는 것이 시진핑이 내세우는 '중국몽(中國夢)'이다.

→ 도전 과제 ←

중국 공산당의 100년은 30년간 사회주의 혁명(1921년~1949년), 30년간 사회주의 건설 (1949년~1979년), 30년간 개혁개방(1979년~2012년), 시진핑 등장 후 새로운 10년(2021년~현재 2022년)으로 요약할 수 있다. 세계 경제의 G7로 성장한 중국 경제의 미래는 어떨까? 국내외 일각의 연구기관은 2020년대 말이나 2030년대 초에는 국내총생산 기준으로 중국이 미국을 따돌리고 세계 최대 경제로 떠오를 것으로 예측되고 있다.

이 같은 전망이 맞을지 틀릴지를 떠나서 필자가 보기에 앞으로 중국 경제의 성장 여건은 이전 개혁 개방 시대에 비해 녹녹치 않을 것으로 생각된다. 필자가 생각하는 중국 경제의 도전 과제를 살펴보자.

첫째는 대외여건의 변화다. 중국이 WTO(국제무역기구)에 가입하기 이전인 1990년대 말까지만 해도 중국의 국내총생산은 미국의 10% 수준에도 미치지 못했다. 하지만 중국이 글로벌 교역체계에 편입된 후 저렴한 노동력을 무기로 중국의 경제규모는 비약적으로 성장했다. 2020년 중국의 국내총생산은 미국의 70% 수준으로까지 커졌다. 세계경제 1, 2위를 다투는 나라가 수출로 먹고 사는 데는 한계가 있다. 중국의 교역의 절대 규모는 앞으로도 계속 증가하겠지만, 경제 성장에서 미치는 기여도는 낮아지게 될 것이란 말이다. 미국 바이든 정부가 출범한 이후 중국에 대한 미국의 전면적인 무역전쟁 압력은 사라졌지만, 첨단기술과 인권문제를 이슈로 한 대중국 압박은 더욱 조직화되고 견고해지는 형국이다. 이것을 극복하기 위해 중국도 수출에서 내수로 성장 동력의 변화가 필요한 것이다.

둘째는 내수 성장에도 변화가 필요하다. 중국이 WTO에 가입하기 이전에 20% 대에 머물던 도시화율은 이제 60% 수준으로 높아졌다. 도시화율이 80% 수준인 미국이나 우리나라보다는 낮지만, 이전과 같은 인프라와 건설투자를 통한 성장 효과를 기대하기 어려워졌다.

더욱이 글로벌 금융위기 이후 교역 증가 둔화를 만회하기 위한 정부의 경기 부양 과정에서 부채가 크게 증가한 점도 앞으로 내수 성장의 걸림돌이다. 2021년 중국의 민간과 정부의 총부채는 국내총생산의 3배를 넘어섰다. 장기적으로 인구 노령화 문제도 빼놓을 수 없다. 중국이 오랫동안 한 자녀 정책을 유지한 결과 중국은 소득 수준에 비해 인구 노령화 빠르게 나타나고 있다. 중국국가통계국 자료에 따르면 15~65세 인구 대비 65세 이상 인구 비율은 20%에 육박하고 있다. 월스트리트저널의 보도에 따르면 2030년 중반이 지나면 중국의 노동인구 대비 노령인구 비율이 미국보다 높아질 것이라고 한다. 도시화율 진전과 부채 증가로 투자의 효율은 낮아지고 인구 구조 변화로 저렴한 노동력 확보가 어려워질 전망이다.

셋째로 공산당 리더쉽의 문제다. 중국이 수출과 투자 확대 중심으로 성장하던 시기에는 정부가 부족한 자원을 통제하고 계획경제 방식으로 정부가 배분하는 방식의 효율성이 높았지만, 경제 성장 동력이 불가피하게 수출과 투자에서 내수소비 중심으로 변화되는 상황에서 이 같은 정부 주도의 자원 배분 방식이 효율성을 유지할 수 있는지에 대한 의문이 대두될 수 있다. 소득 증가에 따라 예상되는 가계의 다양한 요구를 공산당 주도 체제에서 얼마나 수용이 가능할 수 있는지 지켜봐야 한다.

→ 중국 주식투자 시사점 ←

중국 공산당 100년의 주식투자 시사점을 살펴보자.

첫째, 중국의 경제환경 변화에 따라 주식시장의 주도주도 변화될 전망이다. 소위 구경제에서 신경제 관련 종목으로 주식시장의 주도권 변화는 지속될 전망이다. 구경제를 대표하는 에너지, 소재 업종은 친환경에 대한 사회적 관심 증가와 국영기업을 중심으로 한 유휴 설비 증가에 따라 원자재와 소재에 대한 수요 증가는 한풀 꺾였다. 인프라와 부동산, 은행 업종 역시 도시화율 상승에 따른 수요 증가 속도 둔화, 높은 부채 수준에 따른 개발 리스크, 빈부격차 확대에 따른 사회적 비판적 시각 확대에 따라 성장동력이 약화될 전망이다.

반면에 소득증가에 따라 소비시장은 양적 질적으로 계속 성장할 것으로 예상된다. 고급 백주 업체인 귀주모태주가 상해종합지수에서 대장주가 된 것은 이 같은 소비고급화 흐름을 반영한 것이라고 생각된다. 전통 산업을 대체하여 새로운 성장 동력으로 중요도가 커지는 신성장 산업(인터넷, 빅데이터, 핀테크, AI, 전기차, 배터리, 바이오, 대체에너지)에 대한 주식 투자자들의 관심은 지속될 전망이다.

둘째, 중국과 미국간 기술경쟁은 중국 기술기업에게 도전이자 기회라고 생각된다.

미국의 중국인민군과 관련 기업들에 대한 블랙리스트 지정, 미국 회계기준을 따르지 않는 기업에 대한 상장취소 조치, 기술 동맹을 통한 반도체, 전기차, 배터리 등 첨단 산업 공급망 재편 움직임은 중국 첨단 산업에 큰 도전이다. 미국이라는 세계 최대 자본시장을 통한 자본조달이 어려워지고 반도체를 비롯한 핵심 전자 부품의 확보도 차질이 생겼다. 중국은 중국 정부대로 자국의 첨단 기술 기업이 미국에 상장하는 것에 대해 빅데이터 등 핵심 정보 유출 소지가 있다는 것 등을 이유로 규제를 강화하고 있다. 이 같은 상황은 중국 기술 기업에 큰 도전이다.

하지만 기술경쟁을 승패의 관점에서가 아니라 치열한 경쟁의 결과 양국 모두 첨단 산업의 성장이 더욱 가속화될 수 있다는 점도 잊지 말아야 한다. 과거 냉전시대 미국과 소련의 군사력 경쟁에서 결국 소비에트 연방이 해제되면서 미국이 승리하였으나 서로의 체제의 우월성을 보여주기 위한 정부와 학계, 기업을 망라한 치열한 경쟁은 대륙간 탄도탄이나 수소폭탄 같은 군사 무기 외에도, 우주항공산업과 생명공학 등 새로운 첨단 산업을 육성하는 계기가 되었다. 미국과 중국간 기술경쟁도 비슷한 측면이 있다. 미국이 중국에 대한 기술 경쟁의 수위를 높이는 것을 역으로 봤을 때 중국의 기술 수준이 그만큼 위협적이라는 것을 의미한다고도 할 수 있다. 따라서 중국 주식시장은 신성장 관련 첨단 산업이 주도할 것으로 예상한다.

셋째, 미국과 중국간 기술경쟁으로 미국과 중국 경제의 블록화 경향이 강화될 전망이다. 자본시장 역시 이 같은 흐름에 따라 지금보다 분리될 것으로 예상된다. 따라서 중국 주식은 해외 DR이나 홍콩 시장보다는 본토 시장의 위상이 높아질 전망이다. 반면, 해외 DR 이나 홍콩 시장에 상장된 기업의 경우 중국 정부의 감독 및 규제 리스크에 노출될 수 있다. 따라서 중국 주식투자자는 본토 시장에 대한 관심을 높여야 한다. 특히 기술육성을 위해 중국 정부가 정책적으로 지원하는 심천 차이넥스트, 상해 과창판 시장에 대해 관심을 가질 만하다.

끝으로 첨단 산업 중에서도 플랫폼 기업보다는 제조업체의 전망이 좋아 보인다. 그 이유는 엔트그룹 상장 취소, 알리바바 과징금 부과, 디디츄싱 해외 상장 제재 조치 등 최근 중국 정부의 규제의 대상이 된 업체들이 대부분 플랫폼을 기반으로 한 서비스업체라는 점 때문이다. 중국 경제 성장에 따라 사회각계에서 자연스럽게 여러 요구가 등장할 것이다. 이 같은 요구를 중국 공산당 정치 시스템에서 얼마나 수용가능한지 하는 문제가 대두될 수 있다. 대표적인 사례가 인터넷 플랫폼 기업이라고 생각된다. 정부는 인터넷 플랫폼 기업의 성장에 긍정적이지만, 이들 기업의 사회적 영향력이 급격하게 커지는 것 역시 바라지 않는 것 같다. 플랫폼 기업에 비해 기업과 정부간 이해 상충 위험이 상대적으로 작은 제조업체를 선호하는 이유다.

다양한 기회가 있는
중국시장

→ **중국 양대 거래소** ←

중국 주식은 다양한 시장에서 거래되고 있다. 중국 주식시장 구성을 간단하게 정리해 보자. 편의상 장외시장은 제외하고 장내 거래소 시장 중심으로 살펴보겠다. 중국 본토 시장은 상해증권거래소와 심천증권거래소나 나누어져 있다. 상하이거래소에서는 보통 전통산업 위주의 대형주를 중심으로, 선전거래소에서는 IT와 바이오 등 신(新)경제산업 종목을 중심으로 거래가 이뤄지고 있다.

상하이증권거래소는 2022년 6월 24일 기준 상장한 기업 수는 1,886곳, 전체 시가총액 규모는 45.6조 위안이다. 상하이증권거래소에서 운영되는 시장은 크게 메인보드(상해 A주와 상해 B주)와 과창판으로 구성된다. 본래 상해 A주 시장은 중국 내국인만 투자가 가능한 시장이었다. 외국인 기관 투자자들 중 적격해외기관투자(QFII)와 위안화적격외국인투자자(RQFII)의 자격을 취득한 기관에 한해서만 허용되었다.

하지만, 지난 2014년 11월 17일 중국 상하이 증시와 홍콩 증시를 잇는 후강퉁(滬港通)이 시행된 이후 해외 개인 투자자들 또한 홍콩거래소를 통해 상하이 증시에 상장된 A주 후구퉁(滬股通, 홍콩거래소를 통한 상하이 주식 거래) 대상 종목에 투자할 수 있게 되었다. 1992년 2월 21일 설립된 상해 B주 시장은 외국인만 투자가 가능한 시장이나 정부 규제 영향으로 시장 규모가 A주 시장에 비해 미미하다. 상하이종합지수의 대표종목은 시가총액 순으로 1위 구이저우 마오타이, 2위 공상은행, 3위 초상은행, 4위 건설은행, 5위 평안보험, 6위 농업은행, 7위 중국은행, 8위 페트로차이나 순이다.

과창판은 중국 과학기술 기업들의 주식이 거래되는 시장이다. 지

난 2018년 상하이에서 열린 중국국제수입박람회 개막 연설에서 시
진핑(習近平) 중국 국가 주석이 직접 설립 계획을 밝힌 후 2019년
7월 출범했다.

출범 당시 수익성 등 상장 기준을 대폭 완화하고 주가 상·하한
제한폭도 A시장보다 크다. 과창판 시장의 가장 큰 특징은 기업공개
(IPO)가 승인제가 아니라 등록제로 상장 요건이 대폭 완화되었다는
점이다. 등록제 개혁은 수익 기반이 약한 중소 과학기술 기업들의
상장 문턱을 낮춰주는 동시에 자금조달 통로를 확대하는 데 그 시
행 목적이 있다.

⟶ 심천증권거래소 '메인보드와 중소판·창업판' ⟵

선전증권거래소에서 운영되는 시장은 크게 메인보드(선전A주와
선전B주), 중소판, 창업판(차이넥스트)으로 구성된다.

2016년 선강퉁이 시행된 이후 외국 개인 투자자들 또한 홍콩증권
거래소를 통해 선전 증시에 상장된 A주 선구퉁 대상 종목에 투자할
수 있게 되었다. 중소판은 그 이름에서 알 수 있듯이 중소기업이 상
장되어 있는 시장이다. 창업판은 중소·벤처기업 전용 주식시장이다.

→ 홍콩증권거래소 '메인보드와 GEM' ←

홍콩증권거래소에서 운영되는 시장은 크게 메인보드와 성장기업 시장(GEM, Growth Enterprise Market)으로 구성된다. 메인보드 시장은 다시 H주와 레드칩(R주), 항셍주로 분류된다.

H주는 중국에 설립된 기업의 홍콩상장 주식으로, 자본(모기업)과 등록지 모두가 중국 소재인 기업이 상장된 시장을 의미한다. R주는 중국 국유기업 해외법인의 홍콩상장 주식으로, 자본(모기업)은 중국이나 등록지는 홍콩인 기업이 상장된 시장을 뜻한다. 항셍지주는 H주와 R주를 제외한 홍콩 및 외국기업 주식이 거래되는 시장을 지칭한다. 홍콩 GEM은 홍콩 메인보드 시장 상장에는 적합하지 않으나 성장성이 높은 중소기업이 상장할 수 있는 시장을 지칭한다.

중국 주식시장 구성

중국 주식시장 구성			
			규모 / 종목
상하이 거래소	메인보드	홍콩거래소 통해 외국인 개인투자자도 거래 가능(후구통)	45조 위안 1,617개
	과창판	과학기술전용 외국인 개인투자자 투자 불가능 외국인 기관투자자허용	
심천 거래소	메인보드	홍콩거래소 통해 외국인 개인투자자도 거래 가능(선구통)	37.7조 위안 2,497개
	중소판	중소기업전용	
	창업판	중소, 벤처 전용 외국인 기관투자자 허용	7.8조 위안 100개
홍콩 거래소	H주	자본(모기업)과 등록지 모두가 중국 소재	9.2조 HKD 50개
	레드칩 (R주)	자본(모기업)은 중국이나 등록지는 홍콩인 기업	9,270억 HKD 25개
	항셍주	H주와 R주를 제외한 홍콩 및 외국 기업 주식	-
	성장주	메인보드 시장 상장에는 적합하지 않으나 성장성이 높은 중소기업이 상장할 수 있는 시장	78억 HKD 33개

자료: 블룸버그

상하이종합지수와 선전종합지수 업종구성

상하이종합지수

업종	종목 수	비중(%)
금융	75	21.7
산업재	481	16.6
필수소비	114	11.7
소재	304	11.5
정보기술	247	10.1
선택소비	260	8.1
에너지	50	6.3
건강관리	170	6.2
유틸리티	65	4.4
부동산	73	2.2
통신서비스	47	1.2
합	1,886	100.00

선전종합지수

업종	종목 수	비중(%)
산업재	664	21.5
선택소비	292	10.2
소재	435	17.2
필수소비	130	10.3
정보기술	514	18.7
건강관리	223	10.0
통신서비스	80	2.2
금융	35	5.1
유틸리티	43	1.8
에너지	28	0.8
부동산	61	2.1
기타	1	0.0
합	1,842	100.00

자료: 블룸버그 2022.6.24.

급성장하고 있는
중국 전기차 시장

→ 중국 전기차 시장 급성장 ←

반도체, 5G 통신 장비 등 첨단 산업 분야에서 중국에 대한 미국의 견제가 두드러지고 있는 가운데, 중국이 두각을 보이는 분야가 있다. 대표적인 것이 전기차 분야다. 중국의 전기차 시장은 비약적으로 성장해 판매대수 기준으로 유럽과 양대 축을 이루고 있다. 반면 미국은 바이든 정부 출범 이후 전기차 시장 확대에 적극적으로 나서고 있지만, 중국에 비해 크게 뒤쳐져 있는 것이 현실이다. 지난 2020년 전세계 PHEV(Plug-in Hybrid Vehicle)와 EV(Electric Vehicle)를 합한 판매대수 324만 대 중 유럽이 139만 대, 중국이 133만 대,

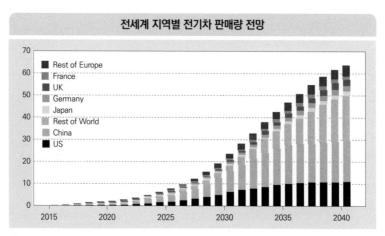

자료: ResearchGate.net

미국이 33만 대로 중국이 미국을 크게 앞서고 있다. 미국 CNBC 는 전세계 전기차 판매량에서 중국이 차지하는 비중이 2025년에는 50%로 상승할 것으로 전망된다고 보도했다.

2021년 중국내 전체 자동차 판매량에서 전기차가 차지하는 비중은 이미 10%에 육박하고 있다. 중국 정부는 2035년까지 신차의 100%를 전기차로 공급하는 것을 목표로 하고 있다.

자동차의 나라 미국이 중국에게 전기차 판매에 있어 크게 뒤쳐져 있다. 중국이 전기차 분야에서 자동차 원조 국가인 미국을 앞설 수 있었던 데에는 몇 가지 이유가 있다. 먼저 중국은 내연기관차에서는 미국과 유럽에 비해 후발 주자였고 경쟁상대가 되지 않았다. 따라서 중국은 이미 미국과 유럽의 지배력이 견고한 내연기관차 분야에서 경쟁하기보다는 새로운 분야인 전기차 분야에 정책적인 역량을 집중하기로 결정했다.

아울러 중국은 대기오염 문제가 매우 심각했기 때문에 오염물질을 배출하지 않는 전기차에 대한 육성 의지가 강할 수밖에 없었던 측면도 있다. 마지막으로 미국은 세계 최대 산유국이기 때문에 자연히 내연기관차에서 전기차로 전환에 대한 의지가 강하기 어려운 반면, 중국은 세계 최대 원유 수입국이다. 따라서 원유 소비를 줄일수 있는 전기차 육성에 대한 정책적 의지가 분명했다고 볼 수 있다.

중국 정부는 전기차 산업 육성을 위해 다방면의 노력을 기울여왔다. 전기차 보조금 외에도 다양한 인센티브가 존재한다. 예를 들면 베이징의 경우 내연기관차의 도심 운행이 제한되지만, 전기차는 도심 운행이 가능하다. 상하이의 경우 내연기관차는 운전 면허를 취득하기 위해서는 12,000달러 정도의 비용이 필요하지만 전기차는 면제가 된다. 다른 도시의 경우 내연기관차는 주행이 제한 시간대가 있는 반면 전기차는 적용되지 않는다.

자동차 생산업체에 대해서는 자동차 생산량의 일정 비율만큼 전기차를 생산하도록 쿼타를 부여하고 이것을 지키지 못할 경우 벌금을 부과한다. 전기차 인프라에서도 중국은 미국을 크게 앞서고 있다. 2020년 말 기준 중국내 전기차 충전소는 80만 개에 이르고 있다.

많은 혁신적인 기업이 등장한 사실도 중국 전기차 산업 성장의 원인으로 꼽을 수 있다. 미국이 테슬라를 제외하면 전기차 분야에서 주목할 만한 업체가 아직 등장하지 않은 것에 반해, 중국은 이미 많은 기존 완성차 업체들이 전기차를 생산하고 있는 것에 워런버핏이 투자한 회사로 유명한 비야디(BYD)와 스타트업에서 출발한 니오(Nio), 샤오펑(Xpeng), Li Motor 등 고성능차를 생산하는 신생 업체까지 가세하여 중국내 전기차 시장은 업체간 경쟁이 매우 치열한 상황이다. 여러 업체들이 경쟁하면서 판매량뿐만 아니라, 전기차의 성능 면에서도 많은 발전이 나타났다.

세련된 디자인, 업그레이드된 기술, 프리미엄 인테리어를 갖춘 중국 자체 브랜드 전기차들이 잇달아 출시되면서 테슬라의 저렴하고 인기 있는 Model 3 및 Model Y와 경쟁이 치열해지고 있다. BYD는 2020년 하반기부터 테슬라와 시장 점유율 격차를 좁히는데 성공했다. BYD의 Han EV는 테슬라의 Model 3보다 더 저렴한 가격과 더 긴 주행 거리를 자랑하며, 성능 버전은 Model 3의 3.3초에 필적

하는 3.9초 만에 정지 상태에서 시속 100km까지 도달한다. BYD는 전기자동차만 생산하는 것이 아니라, 차량용 반도체와 2차 전지도 생산하는 전기차 밸류체인 전반에 걸쳐 경쟁력을 가지고 있는 회사다. BYD는 홍콩거래소와 심천거래소에 동시 상장되어 있다.

전기차 스타트업에서 시작해 미국과 홍콩거래소에까지 상장해 글로벌 투자자들의 관심을 사고 있는 대표 3인방 역시 후발주자라는 약점을 극복하고 고성능으로 점유율을 높이고 있다. 선두주자로 꼽히는 NIO는 2021년 6월에 8,083대를 팔아서 월간 최고 기록을 경신했다. 상반기 누적 판매량은 4만 2천 대인데, 2020년 상반기에 1만 1천여 대에 비해서 4배 가까이 증가한 것이다. 연간 10만 대 판매는 시간문제라는 전망도 나온다. 샤오펑은 6월에 6,565대를 판매했고 상반기 누적 3만 700여 대를 판매했다.

블룸버그에 따르면 니오와 샤오펑의 중국 내 전기차 시장 점유율은 2020년 8%로 전년 동기 5%에서 2021년 첫 4개월 동안 9%까지 상승했다. 테슬라는 중국내 전기차 시장 점유율이 약 16%다. 샤오펑은 광저우와 우한에 두 개의 새로운 공장을 건설하고 있으며 2023년까지 연간 생산 능력을 30만 대로 늘릴 계획이다. 니오는 테슬라의 상하이 기가 팩토리(Gigafactory)의 연간 생산능력 50만 대보다 많은 60만 대의 생산 능력을 2022년 말까지 가질 것으로 예상된다.

이 뿐만 아니다. 전기차 부품 원가 중 가장 큰 비중을 차지하는 리튬이온 배터리 분야에서도 중국은 두각을 보이고 있다. CATL 등 중국 배터리 생산업체들은 정부의 전기차 우대 정책 및 배기가스 감축 추진에 힘입어 장기적으로 성장 궤도를 탈 전망이다. 블룸버그 전망에 따르면 중국내 전기차용 배터리 사용량은 2020년에 47GWh에서 2025년에 250GWh, 2040년에는 2,100GWh로 급증할 것으로 예상된다.

→ 중국 전기차 배터리 시장 ←

중국 자동차 시장은 매우 빠르게 외형이 확대되고 있지만, 여러 신생 업체들의 가세로 점유율 경쟁이 치열해 수익성이 낮아지고 있는 추세다. 더욱이 경쟁이 치열하다 보니 어느 회사가 최종 승자가 되고 어떤 기업이 도태할지 당장은 판단하기 어려운 점도 있다.

따라서 주식투자 관점에서 봤을 때 전기차 시장 성장성에 투자를 원할 경우, 전기차 주식을 매수하는 것보다는 전기차 공급망 내에 있으면서도 완성차 업체보다는 경쟁이 덜 치열한 부품이나 소재 관련 업체에 투자하는 방안이 더 나은 선택일 수 있다. 대표적인 것이 전기차 배터리다. 배터리는 전기차에 필수적인 부품이고, 전체 생산원가 중 약 30%를 차지해 단일 부품으로 가장 높은 비중을 차지하고 있기 때문이다.

산업구조 측면에서도 전기차 생산 업체간 경쟁이 춘추전국시대를 떠올리고 있는 것에 비해 전기차 배터리는 몇몇 업체를 중심으로 과점 구조를 이루고 있어 산업 구조가 안정적이라는 점도 긍정적이다. 과점 구조이다 보니 수익성 압박이 덜하고 투자 확대를 통한 규모의 경제를 통해 생산원가를 낮추고 점유율도 높일 수 있기 때문이다.

우리나라 전기차 배터리 3사가 주로 NCM(니켈 코발트 망간)을 주원료로 한 NCM 계열 배터리를 생산하는 반면 중국은 LFP 계열 배터리가 대세다. NCM 배터리는 니켈 소재로 만들어져 에너지 밀도가 높아 배터리의 출력이 강하고 주행거리가 길다는 장점이 있는 반면, 단가가 높고 충격에 약하다는 것이 단점이다. LFP 배터리의 특징은 반대로 안정성이 높은 철이 들어가 배터리의 안전성이 높고 생산원가가 낮아 경제성이 우수하다는 것이 장점이다. 반면, 소재의 밀도가 낮다 보니 NCM 배터리에 비해 출력이 약하고 1회 주행거리도 짧다는 것이 단점이다.

중국 전기차 시장은 가격 경쟁이 치열해 전기차 완성차 업체들이 성능이 우수한 수입배터리 보다는 가격이 저렴한 자국 업체의 LFP 배터리를 선호한다. 더욱이 자국내 생산된 배터리는 보조금 혜택도 받을 수 있다. 아울러 중국은 1인당 국민 소득이 1만불 수준으로 높은 편이 아니고 대부분의 전기차가 베이징, 상하이, 심천 등 대도시에서 운행되는 경우가 많아 소비자들도 주행거리가 긴 고성능 배터리 차가 필수사항이 아니다. 이 같은 중국 자동차 시장의 특성에 따라 중국의 배터리 업체가 급성장하고 있다.

2020~2021년 중국 상하이 증권거래소와 심천증권거래소를 합쳐 시가총액 순위 상승이 가장 두드러졌던 종목들이 CATL과 비야디(BYD), 간펑리튬이다. CATL은 중국 배터리 1위 업체로 중국 심천거래소에 상장되어 있다. 비야디는 고성능 전기차를 생산하고 있고, 전기차 배터리 분야에서 CATL에 이어 2위를 차지하고 있다.

BYD 주식은 홍콩과 심천거래소에 동시 상장되어 있다. 간펑리튬은 리튬이온 배터리의 양극재에 반드시 필요한 리튬 소재를 생산하는 세계 1위 업체로 마찬가지로 홍콩과 심천거래소에 동시 상장되어 있다.

전기차 배터리는 중국과 우리나라, 일본이 전세계 생산량의 95%를 차지하고 있고 그중 중국이 60% 정도 시장을 차지하고 있다. CATL은 중국 전기차 시장 급성장을 등에 업고 2021년 전세계 배터리 생산 1위 업체로 부상했다. 전기차 시장 확대에 따라 배터리 수요 역시 기하급수적으로 증가할 전망이다. 이에 맞춰 CATL은 적

자료: 블룸버그

극적으로 투자를 확대에 나서고 있다. 2025년 CATL의 생산능력은 합작 공장을 포함하여 중국내 연간 452GWh에 달해 지금 보다 5배 이상 증가할 전망이다. 규모의 경제를 통한 비용 절감으로 CATL의 수익성은 향후에도 양호한 수준을 보일 것으로 보인다.

하지만 CATL은 외국인이 개인투자자 자격으로 직접 매수는 불가능하다. CATL은 심천거래소의 차이넥스트(창업판) 시장에 등록된 종목으로 선전과 홍콩을 잇는 선강통을 통한 매매 가능 종목에 포함되지 않기 때문이다. 따라서 개인투자자의 경우 대안으로 CATL 편입 비중이 높은 펀드나 중국 전기차 ETF나 CHINEXT ETF와 같이 CATL 편입 비중이 높은 상품을 우회적으로 투자를 고려할 수 있다.

중국 반도체 굴기
성공할까?

→ 4차 산업혁명과 반도체 ←

코로나19 사태 이후 차량용 반도체 부족으로 전세계 자동차 업체가 수조원 규모의 생산 자질을 빚은 사실을 기억할 것이다. 반도체가 현대 산업에서 얼마나 중요한 위치에 있는지 단적으로 보여주는 사건이었다. 산업의 쌀이라고 불리는 반도체는 스마트폰, TV, PC, 서버, 우주선, 자동차, 항공기, 기계, 무기, 심지어 완구에까지 쓰이지 않는 곳이 드물다. 4차 산업혁명 시대를 맞아 인공지능(AI), 5세대 이동통신(5G), 사물인터넷(IoT), 자율주행, 양자컴퓨터와 같이 많은 데이터를 한꺼번에 빨리 처리해야 하는 분야에서 고성능 반도체에 대한 수요는 기하급수적으로 증가할 전망이다.

반도체는 크게 메모리 반도체와 비(非)메모리 반도체로 구분된다. 메모리 반도체는 정보를 저장하고 기억하는 용도로 쓰이는 제품이다. 대표적인 것이 D램과 낸드플래시다. D램은 전원이 꺼지면 데이터가 사라진다. 낸드플래시는 전원이 꺼져도 데이터가 보존되지만 속도가 느리다. 메모리 반도체는 우리나라의 삼성전자와 SK하이닉스가 압도적으로 세계 1, 2위를 차지하고 있는 분야다.

하지만 메모리 반도체는 정보 저장이 주목적이기 때문에, 데이타 저장 용량에 따라 제품 규격이 표준화되어 있고, 대량생산이 이루어지는 산업구조를 가지고 있다. 옷에 비유하면 의류회사에서 치수별로 제품을 대량 생산한 후 매장에 납품하는 구조라고 할 수 있다.

비메모리 반도체는 시스템 반도체라고도 하며, 컴퓨터의 중앙처리장치(CPU), 스마트폰에서 애플리케이션 프로세서(AP), 자동차 다양한 기능을 조정하는 차량용 반도체 등 전자제품의 두뇌에 해당하는 연산, 추론 등 정보 처리 목적으로 사용된다. 따라서 시스템 반도체는 사용되는 용도에 따라 제품이 매우 다양하다. 시스템 반도체는 반도체 생산업체가 제품을 생산한 후 시장에 파는 구조가 아니라, 시스템 반도체 수요자(팹리스)가 반도체 회사에 주문을 하면 반도체 회사에서 제품을 생산해 공급하는 선주문 후생산 구조다.

메모리 반도체가 수급 예측이 쉽지 않고, 수급상황에 따라 가격 변동이 큰 편인 것에 비해, 시스템 반도체는 선주문 방식으로 다품종 소량생산이 이루어지기 때문에 가격 변동이 크지 않은 편이다.

반도체 성능이 갈수록 고도화됨에 따라, 반도체를 생산하는 공정 역시 엄청나게 세밀해졌다. 반도체 기판에 전기회로를 새길 때 회로의 선폭이 가늘수록 반도체의 처리 속도가 빨라지고, 전력 소모를 줄일 수 있고 한다.

회로의 선폭 측정 단위로 나노미터(nm)가 사용된다. 1나노미터는 10억분의 1미터를 의미한다. 현재 양산 공정중 가장 세밀한 것이 5nm 공정이다. 5나노미터는 바이러스보다도 더 작은 크기라고 한다. 5나노 공정이 가능한 업체는 TSMC와 삼성전자가 유일하다. 3나노 공정은 이두 업체가 23년 양산을 목표로 준비 중이다.

하지만 선폭이 가는 공정일수록 더 많은 장비와 새로운 기술이 필요하다. 그러기 위해서는 막대한 투자 비용이 필요한 것이다. 첨단 공정의 공장 하나를 짓기 위해 수백억 달러 투자가 필요하다. 더욱이 반도체 기술의 발전이 매우 빠르기 때문에, 5년만 지나도 해당

순위	회사명	1Q21E	1Q20	YoY(%)	M/S(%)
		파운드리 시장 점유율			
1	TSMC	12,910	10,310	25	56
2	Samsung	4,052	3,660	11	18
3	UMC	1,603	1,402	14	7
4	GlobalFoundries	1,469	1,355	8	7
5	SMIC	1,059	905	17	5
6	TowerJazz	345	300	15	2
7	PSMC	340	283	20	2
8	VIS	327	260	26	1
9	Hua Hong	288	203	42	1
10	DB Hitek	197	189	4	1
	합계	22,590	18,867	20	100

자료: TrendForce

공정은 경제성이 없어질 가능성이 높다.

따라서 반도체 생산 공정이 복잡해지고 고도화되면서 많은 반도체 회사들이 반도체 생산 분야에서 손을 떼고, 설계에만 주력(팹리스)하게 되었다. 그 결과 첨단 비메모리 반도체 생산은 TSMC와 삼성전자 등 몇몇 업체를 중심으로 과점화(파운더리)되었다.

특히 대만의 TSMC는 전세계 비메모리 반도체 생산의 60%가까이 점유하고 있어 영향력이 상당하다. TSMC는 팹리스가 주문한대로 생산하는 을의 위치에 있지만, 기술과 생산능력 측면에서 대체할 수 있는 기업이 없기 때문에 만약 TSMC의 반도체 생산이 중단될 경우 그 파장이 매우 클 것이다. 전세계 4차 산업생산 혁명 속도는 TSMC의 생산공정 고도화 속도에 좌우된다는 말이 있을 정도로 전세계 첨단 기술 산업에 미치는 영향이 막강하다.

→ 반도체 공급망 재편 ←

반도체, 특히 시스템 반도체의 안정적 확보가 경제와 기술안보 차원에서 매우 중요하다는 것이 분명해지면서, 미국이 반도체 공급망을 자국 중심으로 재편하는데 적극적으로 나서고 있다. 미국은 반도체 설계 능력에 있어서는 전세계 최상위권이지만, 반도체 생산은 대만과 한국에 위탁 생산을 하고 있고 자국내 마땅한 생산 업체가 없다.

그러나 반도체 생산을 위해서는 막대한 투자 비용이 필요하다. 반도체 육성을 위해서는 정부 차원의 재정, 세금, 금융지원이 매우 중요하다. 바이든 정부는 미국 반도체 육성을 위해 최대 40%까지 투자 세액 공제, 건당 최대 30억 달러(약 3조 5,000억 원)의 보조금 지급, 120억 달러 규모 R&D 지원 등 정부 차원에서 대규모 지원에 나섰다.

그동안 첨단 반도체 기술경쟁에서 밀리며 존재감이 약해진 인텔이 정부 지원을 업고 적극적으로 파운더리 분야 투자 확대에 나서는 모습이다. 인텔은 2024년까지 200억 달러(약 23조 원)를 들여 미국내 2개의 반도체 공장을 짓겠다고 밝혔다. 또한 7nm이하 초미세 공정에 반드시 필요한 EUV(극자외선 노광장비)까지 확보했다.

미국은 자국 기업의 반도체 투자 지원 외에도 외국기업의 미국내 파운더리 반도체 공장 유치에도 적극적이다. TSMC가 미국 애리조나에 369억 달러(약 42조 원) 규모의 공장을 건설하기로 했고, 삼성전자도 텍사스 오스틴에 170억 달러(약 20조 원) 규모의 추가 투자를 결정했다. 다른 한편으로 중국의 반도체 굴기를 적극적을 견제하고 있다. 미국 입장에서 중국의 반도체 굴기는 미국의 기술 패권에 대한 심각한 도전이자 위협이기 때문이다. 2021년 바이든 대통령이 취임한 후 중국에 대한 전면적인 무역전쟁 공세는 사라졌지만, 첨단 기술에 대한 대중 견제와 압박은 한층 공고해지고 있다.

파운드리 업체별 생산 로드맵							
	2016	2017	2018	2019	2020	2021	2022
Intel	14nm+	10nm (limited) 14nm++		10nm	10nm+	10nm+	7nm EUV
Samsung	10nm		8nm	7nm EUV 6nm EUV	18nm FDSOL 5nm	4nm	3nm GAA
TSMC	10nm		7nm 12nm	7nm+ EUV	5nm 6nm	5nm+	4nm 3nm
GlobalFoundries			22nm FDSOL 12nm fin FET		12nm FDSOL	22nm+ FDSOL 12nm+ fin FET	
SMIC				14nm fin FET	12nm fin FET	8-10nm fin FET	
UMC		14nm fin FET			22nm planar		

자료: IC Insight

미국은 화웨이와 SMIC 등 핵심 반도체 기업을 제제 대상을 지정해, 이들 기업이 미국산 반도체 소프트웨어, 장비, 부품, 심지어 미국의 기술이 활용된 제품에 대한 접근까지 차단시켰다. 중국 기업은 7nm이하 고성능 반도체 생산을 위해 필수적인 EUV(극자외선 노광장비)를 독점 생산하는 ASLM과 계약하는 길도 막혔다. 중국 반도체 기업에 대한 제제 이후 대만 TSMC의 중국으로의 반도체 수출은 급감하였고, 화웨이는 처음으로 매출이 감소하였다. 미국은 중국을 상대로 반도체 장비, 설계, 파운드리 전반에 걸쳐 초고강도 제재를 가하고 있다.

이러한 추세가 지속된다면 중국 반도체 기업들이 글로벌 반도체 공급망 내 상위기업으로 성장하는데 큰 어려움이 있을 것으로 생각된다.

→ 중국의 위치, 중국의 전략 ←

미국의 견제가 심하지만 중국은 반도체 굴기의 꿈을 포기할 수 없다. 중국은 전세계에서 반도체를 가장 많이 사용하는 나라이면서도 사용되는 반도체의 대부분을 수입에 의존하고 있다. 반도체는 중국의 최대 수입 품목으로 원유보다 수입액이 많다. 더욱 근본적으로는 중국이 꿈꾸고 있는 사회주의 초강국 건설은 첨단기술에 대한 기술 패권이 없이는 불가능하기 때문이다. 중국이 인공지능(AI), 5G, 양자컴퓨터 등 몇몇 첨단 기술 분야에서 두각을 보이고 있는 것은 사실이지만, 반도체 기술자립 없이는 이것이 언제까지 지속된다는 보장이 없기 때문이다.

2021년 전국인민대표자회의에서 시진핑 총리는 첨단 산업 육성과 기술자립을 위해 1.4조 달러 지원을 약속했다. 그후 SMIC는 심천 지방정부와 25억불 규모의 파운더리 공장 건설에 합의했다.

SMIC는 2022년 4월 기준 전세계 5위 파운더리 업체로 4%의 점유율을 차지하고 있어, 1위 TSMC 56%, 2위 삼성전자 16%와는 점유율에서 큰 차이가 있다. TSMC와 삼성전자가 5nm 반도체를 양산하고 있는 것에 비해, SMIC는 28nm 반도체 양산을 시작한 후발주자다.

중국은 기술로는 경쟁할 수 없는 난이도 높은 초정밀 반도체 분야 보다는 우선, 자신의 기술로 양산이 가능한 중저가 반도체 시장에서 영향력 확대 전략하는 모습이다. 12인치 웨이퍼 공정이 일반적으로 사용되고 있는데 반해, 중국은 한물간 공정이라고 평가받았던 8인치 웨이퍼 공정에 주목하고 있다. 오래된 공정이고 기술적 난이도도 떨어지고 수익성도 낮지만 8인치 공정에서 생산된 반도체에 대한 수요가 꾸준하기 때문이다. 12인치 공정이 대량생산에 적합하다면 8인치는 소량의 반도체를 생산할 경우 12인치보다 비용이 덜 들어 적합하다. 차량용 반도체가 대표적이다. 4차 산업혁명으로 첨단 공정이 필요한 고성능 반도체 수요만 증가한 것이 아니라 기술적 난이도가 높지 않으면서도 생산이 가능한 다양한 종류의 반도체 수요도 함께 증가하고 있다. 8인치 시장은 미국의 기술 재제에 영향을 덜 받는 분야이기도 하다.

또한 가능한 선에서 수입대체를 통해 국내에서 생산이 가능한 반도체는 자국 업체가 내수시장에 우선적을 접근할 수 있도록 하고 있다. 2021년 대만 TSMC의 대 중국 매출은 2020년 대비 30%나 감소했다. 반면 같은 기간 중국의 SMIC의 매출은 39%가 증가했다.

자체적 공정 고도화에도 힘쓰고 있다. SMIC는 생산 제품의 90%가 28nm 이상 반도체다. 여기에 중국 정부의 막대한 지원을 토대로 14nm 반도체 양산을 목표로 하고 있다. 중국은 기술 난이도가 낮지만 폭넓게 사용되고 있는 14nm 이상 반도체 시장에서 규모의 경제를 바탕으로 중국 기업이 가격 우위를 확보할 수 있다면 이것을 지렛대로 중국이 글로벌 반도체 시장에서 경쟁할 수 있다고 판단하는 것 같다.

→ 중국 반도체 주식투자 ←

이를 종합하면, 중국의 반도체 산업은 우리나라나 대만, 미국에 비해 발달 정도가 낮고 미국의 견제도 매우 강하다는 것을 알 수 있다. 하지만 정부의 강력한 지원과 막대한 내수 시장을 지렛대 삼아

미국, 중국, 한국 반도체 지수 추이

미국 반도체 205.9617
중국 반도체 154.0521
한국 반도체 146.0898

205.9617
154.0521
146.0898

자료: 블룸버그

중저가 반도체 시장에서 영향력을 키워가고 있어 장기 전망이 나쁘지 않다고 생각된다. 전기차와 함께 중국 주식시장에서 주목할 산업이라고 생각된다.

하지만 몇 가지 유의해야 할 점이 있다. 첫째로 중국 반도체 시장은 전기차 시장에 비해 발전 정도나 위상이 떨어진다. 따라서 전기차, 베터리 시장에서 CATL이나, BYD 같이 세계적인 기업이 등장한 것에 비해 반도체 시장의 경우 그런 선도적 기업이 아직 등장하지 않았다. 중국정부가 2014년 1차 반도체 펀드 자금을 칭화유니와 SMIC에 집중적으로 투자하였으나 칭화유니(비상장)는 부채누적으로 파산신청 절차에 있고, SMIC는 중국내 가장 영향력있는 파운 더리로 성장했지만 미국의 블랙리스트에 올라있는데다 최근 홍콩-상하이 교체매매 종목에서 제외되어 향후 홍콩거래소 상장 폐지 등 조치가 취해질 가능성도 있다. 더욱이 중국 당국이 CATL과 마찬가지로 SMIC가 핵심 국익에 해당하는 기업이라고 판단해 외국인 투자자의 접근을 제한할 가능성이 있다.

둘째로, 중국 반도체 관련 기업의 대부분이 중국 본토 시장에 상장되어 있고 그 중에서도 외국인이 개인 자격으로 거래가 제한되는 과창판이나 차이넥스트에 등록된 종목들이 많다는 점이다. 사정이 이렇다 보니 현실적으로 외국인 개인투자자 입장에서 투자 가능한 종목이 많지 않다는 문제점이 있다. 이런 이유에서 중국 반도체 주식은 개별 종목보다는 펀드나, ETF를 통한 간접투자 방식이 더욱 안전해 보인다. 앞의 차트는 중국 반도체 ETF와 미국 필라델피아 반도체 지수와 성과를 비교하고 있다.

중국 공동부유론과
중진국 함정 가능성은?

→ 중국 경제의 명암 ←

중국은 2001년 WTO 가입 이후 고성장을 거듭해 지난해 국내총생산이 미국의 70% 수준으로 커졌다. 2019년 1인당 국내총생산도 1만 달러를 넘어섰다. 또한 포브스가 선정한 2021년 전세계 억만장자 순위에서 중국은 698명의 억만장자를 보유해 미국에 이어 전세계에서 두 번째로 많은 억만장자를 보유한 국가가 되었다. 참고로 한국의 전세계 억만장자 순위는 14위다.

하지만 이 같은 긍정적 측면의 이면에는 중국 경제의 어두운 그늘이 자리하고 있다. 미-중간 무역전쟁과 코로나19 사태를 거치며 중국의 경제 성장이 점차 둔화되었다. 달리던 자전거가 멈춰서면 넘어지게 되는 것처럼 중국 경제가 빠르게 성장할 때에는 부각되지 않았던 문제들이 경제 성장이 둔화되면서 분명해지고 있다.

코로나19 사태와 미중 관계 악화로 중국은 자의적이든 타의적이든 글로벌 경제에서 점차 고립되는 모습이다. 내수 경제의 경우 부동산 가격 급등과 부채 누적, 소득 불균형이 안정 성장의 걸림돌로 작용하고 있다.

특히 주목할 점은 빈부격차다. 중국은 사회주의 국가라는 명칭이 무색하게 빈부격차가 매우 크다. 외형적으로 중국 경제가 빠르게 성장했지만 도시와 농촌간, 소득 계층간, 지역별 빈부격차가 고착화되고 있다는 점이 우려할 부분이다. 중국의 도시와 농촌간 소득 격차는 2.5배 수준이다. 이는 시진핑 주석의 취임했던 2013년과 같은 수준이다. 중국의 소득 하위 50% 계층이 전체 중국 소득에서 차지하는 비중은 14%에 불과하다. 반면 소득 상위 10%가 중국 전세 소득의 42%를 차지하고 있다.

빈부격차 문제는 단순히 사회주의 국가에서 이념적으로 받아들이기 어려운 문제라는 점일 뿐만 아니라 중국의 경제 성장 방식에 큰 문제점이 있다는 것을 보여준다.

→ 중국 중진국 함정 가능성 ←

최근 들어 중국이 중진국 함정에 빠질 수 있다는 지적이 늘고 있다. 중진국 함정이란 일정 수준 경제발전을 이룩한 나라가 그 이상 수준을 넘어서지 못하고 중진국 수준에 고착화되는 것을 말한다. 많은 나라들이 중진국 함정에 빠지는 이유는 경제가 발전하면서 임금도 상승해 저부가가치 산업의 경쟁력이 약화되고 고부가가치 산업은 기술력 부족으로 선진국을 따라잡지 못하기 때문이다.

중국이 중진국 함정에 빠지지 않기 위해서는 경제의 허리를 든든히 받들 수 있는 중산층 육성과 고부가가치 산업의 생산성을 끌어올리는데 필요한 인적자본 육성이 중요하다. 하지만 중국은 중산층 육성과 인적자본 육성에 있어 모두 문제점을 안고 있다.

먼저 취약한 중산층에 대해 살펴 보자. 중산층이 많아지면 소득 계층별 인구 그래프가 허리가 볼록한 항아리형 구조가 된다. 빈부 격차가 큰 미국의 경우도 소득별 인구 차트는 항아리형에 가깝다. 하지만 중국은 전형적인 파라미드 형태다.

중국 통계국이 발표한 2019년 소득 구간별 인구 구성을 보면 가구 구성원당 월소득이 20만 원에도 못 미치는 인구가 6억 명으로

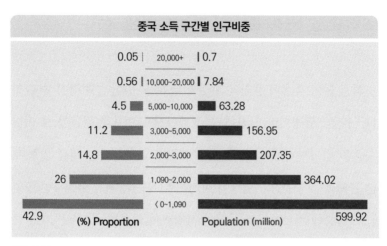

자료: Caixin

전체 인구의 42.9%를 차지하고 있다. 1인당 GDP가 1만 불을 넘은 나라에서 인구 절반의 월평균 소득이 20만 원에도 못 미치고 있는 것이 중국의 현실이다. 이런 상황에서 내수 경제의 성장에는 한계가 있을 수 있다.

이번에는 중국의 인적자본 육성 현황에 대해 살펴보자. 상하이와 중국의 다른 도시에 있는 중등학교 학생들의 학업 성취도는 세계 대부분의 학생들을 능가한다. 중국의 대학은 매년 800만 명 이상의 졸업생을 배출하고 있으며 그 중 절반 이상이 과학, 기술, 공학 및 수학 학위를 보유하고 있다. 하지만 농촌지역의 상황은 완전히 다르다.

놀랍게도 중국의 노동력 중·고등학교 이상 학력 비율은 30%에 그치고 있다(Foreign Policy 2021. 2. 8.). 고등학교 학력 인구 비율이 50% 미만인 국가가 중진국의 함정에서 벗어난 경우는 전무하다고 한다. 선진국의 경우 고등학교 졸업률은 평균 76%이다. 중국 지도부는 이것이 문제라는 것을 알고 교육에 대규모 투자를 했지만 상황을 개선시키기에는 부족한 상황이다.

2005년 이후 초등학교와 중학교는 의무교육이 되었지만, 고등학교는 아직도 의무교육에서 제외되어 있다. 공립 고등학교는 보통 농촌 가정의 평균 수입보다 몇 배나 많은 비용이 든다고 알려져 있다. 도시와 농촌간 소득 격차 고착화는 교육과 취업 기회 제한을 통해, 중산층 형성과 양질의 인적자본 형성을 저해하는 요인이 되고 있다.

→ 공동부유론 성공할까? ←

이상에서 살펴본 것과 같이 중국 경제는 매우 양면적인 모습을 가지고 있다. 한편에서는 매우 부유하고 발전되어 있는 것처럼 보이면서도 다른 한편에서는 여전히 매우 가난하고 낙후된 모습이 공존하고 있다.

필자는 이 같은 중국의 양면적 모습이 영화 〈설국열차〉의 상황과 매우 유사하다고 느꼈다. 열차 앞칸으로 갈수록 풍요롭지만 뒷칸은 소외된 사람들로 가득하다. 그렇다면 중국이라는 설국열차는 지금 모습대로 앞으로도 계속 달릴까? 아니면 모든 객차가 함께 부유해질까? 그것도 아니면 열차가 갑자기 멈춰서게 될까?

이 같은 상황을 누구보다 잘 알고 있는 주체가 중국 정부일 것이다. 최근 들어 언급되고 있는 공동부유론은 성장 위주 경제 모델이 한계에 다다랐고 소득분배를 통해 경제 체질을 바꿔야 한다는 인식을 반영한 것이라고 생각된다. 보는 시각에 따라 다를 수 있지만, 앤트 파이낸셜 기업공개 중단, 배달앱 메이퇀안에 대한 규제, 사교육 업체에 대한 규제, 부동산 대출 강화와 같이 어찌 보면 제 살 깎기로 보이는 중국 당국의 일련의 규제는 독과점을 완화하고 플랫폼 노동자를 보호하고 가계의 사교육과 주거 비용 부담을 낮춰 궁극적으로 소득불균형을 완화해 중산층을 육성하고자 하는 의도가 반영된 것이라고 생각된다. 하지만 공동부유론에는 문제점도 있다.

먼저 인터넷 플랫폼 기업이 직접적으로 규제를 받게 되면서 이들 기업의 향후 성장성에 적지 않은 타격이 불가피해 보인다. 또한 스타트업을 꿈꾸는 많은 젊은이들의 도전 정신, 창업자 정신에도 좋지 않은 영향을 미칠 것으로 생각된다.

두 번째는 중국 정부의 규제가 인터넷 게임과 연예계, 팬클럽 문화로까지 확산되고 있다는 점이다. 지나친 연예인 숭배와 사치를 척결한다는 것이 명분이지만 문화를 그 자체로 인정하기보다는 문화가 공익을 위해 봉사해야 한다는 도구적 측면이 강조되면서 은연중에 중화민족주의, 남성중심주의, 사회주의 이념에 코드를 맞추도록 압박하는 형국이다.

중국의 공동부유 정책이 놓치고 있는 것은 사회가 발달할수록 개개인의 다양한 의견과 창의성이 중요해진다는 점이라고 지적하고 싶다. 주식의 경우도 유형자산 외에 눈으로 보고 만질 수 없는 무형자산의 가치가 더욱 커지고 있는 것과 마찬가지다. 공동유부 정책이 당위성 측면에서는 올바르더라도, 일방적인 진행은 의도하지 않은 부작용을 불러올 수 있다.

꼭 알아야 하는
중국 투자상품

중국 시장에 투자하는 중국 주식형은 투자 지역에 따라 크게 세 가지로 나눌 수 있다. 하나는 상해와 심천 시장, 즉 중국 본토 시장 위주로 투자하는 상품이고 다른 하나는 홍콩 시장에만 투자하는 상품이다. 마지막은 두 시장에 모두 걸쳐 분산하는 상품이다.

홍콩보다는 본토 시장이 규모도 더 크고 상장 종목 수도 훨씬 더 많다. 따라서 투자 기회가 매우 다양하다고 할 수 있다.

중국 본토 시장 위주로 투자하는 대표적인 펀드 가운데 하나는 KB자산운용이 출시한 'KB 중국본토 A주'라는 상품이다. 서울에 있는 운용역이 일부 맡아서 투자하기도 하지만 대부분은 중국 본토의 현지 운용회사에 위탁해 놓았다. 현재는 보세라(Bosera)와 하베스트(Harvest)라는 두 개의 자산운용회사에 나눠 맡기면서 운용실적에 따라 배분 비중을 조금씩 조절하고 있다. 참고로 두 회사 모두 업력이 오래된 대형 운용사로 장기간 뛰어난 실적을 거두었다.

또 다른 상품으로는 메리츠자산운용에서 내놓은 '메리츠 차이나' 펀드다. 이 펀드는 우리나라의 메리츠자산운용과 중국 현지의 '빈위엔 캐피탈(Binyuan Capital)'이 공동으로 운용한다. 심천에 상장된 중소업체와 기술업종 투자 비중이 높아 변동성이 크지만 성장성이 양호한 종목을 많이 편입하고 있다. 따라서 고위험 고수익을 추구하면서 위험을 충분히 감내할 수 있는 공격적 투자자에게 적합한 상품이다.

이 두 상품은 펀드매니저, 즉 운용역이 철저한 기업분석을 바탕으로 종목을 선별해 포트폴리오를 구성한다는 공통점이 있다. 이처럼 운용역이 본인 판단으로 종목을 선정해 포트폴리오를 짜서 운용하는 방식을 액티브(Active) 운용이라고 한다. 통상 액티브 펀드는 상해종합지수과 같은 시장 지수를 초과하는 수익률을 추구한다. 위 두 상품은 실제 시장 수익률을 훨씬 뛰어 넘은 장기 성과를 기록했다.

이밖에 중국 CSI300 지수를 추종하는 인덱스 상품도 있다. 이는 중국 본토 시장의 대형주 300개로 구성된 지수를 추종한다. 중국 본토 시장에 투자하는 또 다른 '공격적인' 인덱스 상품은 바로 '미래에셋 차이나 심천100' 인덱스 펀드다. 빠르게 성장하는 중소기업이 많이 상장되어 있는 심천 시장의 시가총액 상위 100여개 종목으로 구성되어 있다.

아울러 매우 공격적인 '미래에셋 차이나 과창판' 펀드를 간단히 설명하고자 한다. 이 펀드는 상해 과창판 기업 50개에 주로 투자한다. 과창판(科創板, 커창반)은 기술혁신 기업들의 자본조달을 원활하게 하기 위해 2019년 상해거래소에 개설된 것으로 과학창업판(Star Market, Shanghai Stock Exchange Science and Technology Innovation Board)을 줄인 말이다. 차세대 IT, 신소재, 신재생 에너지, 바이오, 첨단장비 제조 등의 첨단 기업 위주로 구성되어 있는 만큼 장기 성장성이 뛰어나다고 할 수 있다. 다만 변동성이 아주 높다는 점을 유의할 필요가 있다.

이와 같은 인덱스 펀드들은 비교적 이해하기 쉽다는 장점이 있다. 중국 시장 투자 경험이 많지 않다면 먼저 CSI300 지수를 추종하는 상품부터 소액으로 투자해보기 바란다.

경험이 조금 더 쌓이면, 운용회사와 펀드매니저의 종목 분석 능력에 따라 성과가 좌우되는 액티브 펀드를 투자해보면 좋겠다. 다만 투자하기 전에 각 상품에 대해 꼼꼼히 살펴봐야 한다. 액티브 펀드는 시장 지수를 상회하는 수익률을 추구하지만 때로는 그렇지 못한 경우도 종종 생긴다는 점도 기억해야 한다. 아무리 훌륭한 펀드라 해도 시장을 날마다 이길 수는 없다. 일시적으로는 시장보다 낮은 성과를 보였더라도 장기적으로 시장 지수를 뛰어넘는 성과를 기록했다면 이는 분명 우수한 펀드라 할 수 있다.

다음으로 홍콩 시장에 투자하는 가장 대표적인 상품은 중국기업 50개로 구성된 H지수를 추종하는 인덱스 펀드다. 하지만 종목 수가 50개로 많지 않고 외국인 투자자의 자금 흐름에 크게 영향을 받아 변동성이 높다는 점을 기억해야 한다.

마지막으로 홍콩과 중국 본토 시장을 아우르는 펀드 2개를 간략히 소재하고자 한다. 하나는 '미래에셋 차이나 그로스'이고 다른 하나는 'KB 통중국 4차산업' 펀드다. '미래에셋 차이나 그로스'는 이름에서 암시하듯 장기적으로 성장성이 높은 종목 30~40개만 골라 집중 투자한다. 'KB 통중국 4차산업' 펀드는 4차 산업혁명을 주도하는 중국의 대표적인 혁신 기업 위주로 투자한다.

이 두 상품은 성장주 스타일이라는 점과 변동성이 매우 크다는 공통점이 있다. 따라서 자칫 가격이 높은 시점에 투자하면 단기적으로 두 자릿수의 마이너스 수익률로 고통을 겪을 수도 있다는 점을 유의해야 한다. 그렇지만 긴 호흡으로 여유 자금의 일부를 묻어둔다는 마음으로 투자한다면 먼 훗날 성장의 과실을 맛볼 가능성이 크다고 생각한다.

주식투자 경험이
많지 않은
김 팀장은

어떻게 **1년 만에**
해외 투자로
성공했을까?

3장

경제 **개방**에서
뒤쳐진 일본

부진한 외국인 직접투자
유치 실적

→ 직접투자는 경제 개방의 척도 ←

직접투자(Foreign Direct Investment: FDI)의 유출입 규모는 무역규모
와 함께 각국 경제의 개방도를 나타내는 대표적 지표이다. 무역이
양적인 개방도를 대표한다면 FDI는 질적이고 실질적인 개방의 정
도를 가늠할 수 있는 매우 좋은 잣대다. 즉 FDI의 규모는 한 나라의
경제시스템이나 경제주체가 제도, 의식, 경영능력, 기술 등의 측면
에서 얼마나 개방화되어 있고 글로벌화되어 있는지를 가장 종합적
으로 나타낸다고 볼 수 있다.

세계 경제가 글로벌화되고 정보통신기술이 빠르게 발달함에 따라 자본도 국경을 넘나들면서 활발하게 움직이고 있다. 자본시장에서의 주식 및 채권 투자를 목적으로 하는 간접투자뿐만 아니라 기업의 인수합병(M&A) 또는 공장신설 등을 목적으로 하는 직접투자(Foreign Direct Investment: FDI) 역시 크게 증가하고 있다.

해외로부터의 직접투자 유입은 자본 형성, 생산성 향상, 기술 이전, 일자리 창출, 수출 촉진 등 긍정적 효과를 가져온다고 알려져 있다. 직접투자의 유입은 여러 가지 긍정적인 효과를 통해 직접투자 유입국의 경제 성장을 촉진한다고 할 수 있다. 전세계 많은 나라들은 경제 성장을 끌어올리기 위해 외국인 적접투자를 유치해 외국기업들이 자국 영토내에 공장을 짓거나 기업을 인수하는 것을 장려하고 있다. 전 세계적으로 대부분 국가가 투자 절차 간소화, 보조금 지급 등 인센티브 확대, 세금 감면, 시장 개방 등 해외 직접투자와 관련된 규제완화에 경쟁적으로 나서고 있다.

→ 부진한 일본 직접투자 유치 실적 ←

중국은 외국인 투자 유치를 통해 성장을 이룬 대표적인 케이스이다. 이밖에 인도부터 동유럽 국가에 이르기까지 많은 나라들이 외국 기업 유치에 열을 올리고 있다. 그런데 이 같은 흐름에서 유일하게 동떨어진 나라가 있다. 바로 일본이다.

UNCTAD은 2019년 전세계 196개 국가의 GDP 대비 외국인 직접투자 유치 순위를 발표했는데, 충격적이게도 일본은 196개국 중 195위를 차지했다. 일본보다 외국인 직접투자 유치 순위가 낮은 나라는 북한이 유일했다.

직접투자 유치에 성공한 나라들의 사례들을 보면 일본도 외국인 투자 유치 확대를 통해 경제 성장률을 끌어올릴 수 있다는 것을 보여주고 있다. 경제의 효율성이 낮은 국가들일수록 외국인 투자 유치로 인한 긍정적 효과가 커지게 된다. 일본이 자동차를 비롯한 몇몇 분야에서 앞서고 있는 것은 사실이지만 다른 많은 분야에서 뒤처져 있다. 점점 더 중요해지고 있는 디지털 기술을 예로 들어보자. IMD 국제경쟁력센터가 전세계 주요 64개 국가들 대상으로 디지털 혁신 순위를 측정한 결과 일본은 53위에 그쳤다. 일본이 고질적인 경기침체에서 벗어나길 원한다면, 외국인 직접투자 유치는 반드시 처방중 하나가 될 것이다.

하지만 일본에는 외국인의 일본 기업 인수에 대한 수십 년간 지속된 고질적인 공식적, 비공식적 장벽이 존재하고 있다. 특히 암담한 것은 일본의 외국인 투자 유치 부진이 지난 20년간 일본 정부가 외국인 투자 유치를 통한 경제 성장 정책을 추진했음에도 나타난 성과라는 점이다.

2001년 고이즈미 총리 취임 당시 일본의 GDP 대비 외국인 직접투자 유치 비율은 1.2%로 선진국 평균 28%에 한참 못 미쳤다. 고이즈미 총리는 2006년에 외국인 직접투자를 2011년까지 5.0%로 끌어올리겠다고 선언했다. 2008년에는 잠시 이 비율이 4.0%로 상승해 진전을 보이는 듯했다. 하지만 다시 주저 앉았다. 2013년

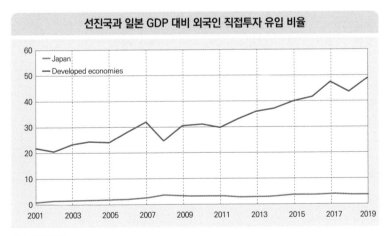

선진국과 일본 GDP 대비 외국인 직접투자 유입 비율

자료: UNCTAD

아베 신조가 취임 후 FDI를 두배로 늘리겠다고 선언했지만 2019년 그 비율은 4.4%로 소폭 상승하는데 그쳤다. 그 사이 대부분 선진국 FDI 비율이 44.0%로 높아졌다.

일본 정부는 FDI 유치 부진을 타개하기 위해 노력하기보다는 자신들의 실패를 감추기에 급급했다. 일본 재무성은 2020년 외국인 투자 유치 실적이 3,590억 불이라고 발표해 마치 투자유치 목표를 달성한 것처럼 포장했다. 하지만 IMF, OECD, UNCTAD 등 국제기구가 발표한 2,150억 불과는 큰 차이가 있었다. 어떻게 이런 큰 차이가 발생할 수 있었을까? 그것은 일본 정부가 외국인 투자 유치를 집계하면서 IMF가 권고하는 '방향성 원칙'에 따라 계산한 것이 아니라 '자산부채방식'이란 방법으로 FDI를 계산해 발표했기 때문이다. 이 방식은 일본 자회사의 본국 모회사에 대한 대출과 같이 외국인 직접투자와 상관없는 항목들까지 FDI 계산에 포함하는 문제점이 있다. 일본 정부는 자신들의 실패를 인정하기보다는 편법을 써서 감추는 데 급급했던 것이다.

→ 일본 직접투자 유치의 걸림돌 ←

그러면 일본은 왜 외국인 직접투자 유치에 실패했을까? 우리나라와 같이 한때 외국인 직접투자 유치에 부정적이던 나라들도 이제는 대부분 외국인 투자를 적극적으로 환영하고 있다. 우리나라의 GDP 대비 외국인 직접투자 유입 비율은 1994년 2%에서 2020년 14%로 급성장했다. 인도도 1990년 0.5%에서 2020년 14%로 높아졌다. 이전 소비에트 연방 시절 7%에 불과했던 동유럽 8개 국가의 GDP 대비 직접투자 유입 비율은 2020년 55%로 급등했다. 미국도 자국 반도체와 전기차 산업 육성을 위해 우리나라 기업의 투자를 적극적으로 요청하는 시대가 되었다.

외국인의 일본 직접투자가 부진한 것은 외국 기업이 자국 기업을 인수, 합병하는 것에 대한 일본인의 부정적 정서가 근본 원인이다. 선진국의 경우 외국인 직접투자 유입액의 80%가 M&A를 통해 이루어진다. 하지만 일본은 M&A가 14%에 그치고 있다.

외국 기업이 일본 기업을 M&A하는데는 여러 장애물이 있다. 2차 세계대전 직후 외국 기업이 일본을 지배할 수 있다는 우려로 외국인의 FDI를 제한했던 것에서 외국인에 대한 직접투자 제한이 시작되었다. 1960년대에 일본이 OECD 가입을 위해서 표면적으로는 외국인의 직접투자를 자유화했지만 실제로는 모기업과 자회사 간 순환출자, 계열(系列 keiretsu)이라고 하는 일본 특유의 기업 집단 구조, 복잡한 역외 거래 규제와 같은 외국인 직접투자의 장애물을 만들었다.

외국 기업 입장에서 봤을 때 투자하기 적당한 기업은 대부분 계열에 포함되어 있어 현실적으로 투자를 할 수 없었다. 전통적으로 일본 기업은 같은 게이레스 내에서는 기업 매각이 가능하지만, 다른 게이레스간 기업간 매각은 전무했다. 하물며 외국 기업에게 매각되는 경우는 더욱 상상하기 어려울 것이다.

일본의 경제 사정이 어려워지면서 게이레스간 기업 인수합병에 대한 저항감은 다소 줄었지만 외국 기업에게 기업을 매각하는 것에는 여전히 저항이 강하다. 더불어 같은 기업집단은 아니더라도 많은 기업들이 하청, 부품협력 등 관계로 서로 복잡하게 얽혀 있다. 도요타를 예로 들면 1천 개의 자회사가 있고 하도급관계로 연결된 4만 개의 부품협력회사들이 있다.

정부관료의 구태의연한 태도도 문제다. 외국인 직접투자유치

촉진을 위해 2020년 정부 자문기구로 설립된 FDI 촉진 위원회는 2025년 경이면 흑자를 기록하고 있으면서도 오너의 고령화와 후계자 부족으로 폐업 위기에 놓일 가능성이 있는 중소기업이 60만 개에 달해 수백만 명이 일자리를 잃게 될지도 모른다고 경고했다. 고용대란을 막기 위해 매각을 원하는 중소기업과 매수를 원하는 외국 기업을 연결해주는 제도적 장치가 필요하다고 정부에 제안했지만, 정부가 발표한 최종 보고서에는 외국인 M&A와 관련한 내용이 모두 삭제되었다. 이것은 정부에서는 일자리 대란보다 외국인이 자기 나라 기업을 인수하는 것이 더 큰 문제라고 생각하고 있다는 인식을 보여주는 것이다.

일본도 이제 변해야 한다는 것을 조금씩 깨닫고 외국 기업에게 문호를 개방하려는 신호를 조금씩 보여주고 있다. 하지만 최악인 UNCTAD 순위를 끌어올리기 위해서는 정치와 재개 지도층의 결단력 있는 행동이 필요하다. 그렇지 않다면 지금과 같은 저성장과 외국인 투자 최하위국이란 오명에서 벗어나기 어려울 것이다.

→ 엔화 ←

엔화는 달러화와 더불어 국제 금융시장에서 안전자산으로 인식되는 경향이 있다. 통상 금융시장이 불안할 때 달러화뿐만 아니라 엔화의 가치도 상승하기 때문이다. 하지만 2022년 1~2분기에는 글로벌 금융시장이 변동성을 보이는 와중에도 엔화 가치는 하락하는 모습이 나타났다. 왜일까? 미국과 일본의 국채 금리차가 크게 벌어졌기 때문이다. 다시 말해 일본 국채금리는 움직임이 작았던 반면, 미국 국채금리는 빠르게 올랐기 때문이다. 장기적으로 환율은 두 나라 사이의 경제 펀더멘탈 차이에 의해 결정되지만 단기적으로는 양국 간 금리차를 반영한다.

엔화가치가 하락하면 일본은 좋을까 나쁠까? 둘 모두 답이다. 다시 말해, 좋기도 하고 나쁘기도 하다는 뜻이다. 일본에는 글로벌 경쟁력을 갖춘 수출기업이 많은데, 엔화 가치 하락은 수출기업에는 유리하게 작용한다.

반면, 소비자들에게는 나쁠 수 있다. 엔화 가치가 하락하면 해외로부터 원유 등 원자재를 수입해올 때 그만큼 더 많은 돈(엔화)을 지불해야 하기 때문이다. 원유는 수많은 제품을 만들거나 공장을 돌릴 때 직간접적으로 들어가는 필수 원자재이기 때문에 엔화 가치가 하락하면 결국 소비자 물가도 오르는 부작용이 생기기도 한다.

와타나베 부인은
어디로 갔을까?

→ **대표적 안전 통화였던 엔화** ←

일본의 엔화는 대표적인 안전 통화로 꼽힌다. 그래서 세계 경제
나 금융시장이 불안해지면 엔화를 사려는 수요가 늘어 엔화가 강세
를 보이고, 반대로 세계 경제와 금융시장 상황이 좋아지면 엔화를
팔아 해외투자를 하려는 자금이 늘어 엔화가 약세를 보인다는 것이
이전까지의 일반적인 상식이었다.

세계 각지에 진출한 일본 기업들은 경제 상황이 나빠지면 해외
현지 법인에 쌓아 두었던 자금을 안전한 본국으로 송금하였고, 와

타나베 부인으로 대표되는 일본인 해외 투자자들도 평소에는 일본의 낮은 금리로 엔화를 빌린 후 외화로 환전해 해외 고금리 자산에 투자했으나, 위기상황이 닥치면 해외 자산을 매각해서 안전한 엔화로 현금화했다. 그러다보니 시장 불안으로 주가가 떨어질 경우 엔화는 오히려 강세를 보였다.

이처럼 엔화가 위기 상황에서 강한 모습을 보일 수 있었던 것은 기본적으로 강력한 일본 경제의 뒷받침이 있었기 때문에 가능했다. 일본 기업들은 경제 거품이 터지기 전까지만 해도 미국에 이어 세계 2위 경제 대국이었고, 세계 최상위 수준의 제조업 경쟁력을 바탕으로 무역과 해외직접투자를 통해 막대한 외화를 벌어들였다.

→ 균열이 감지되는 안전 통화의 위상 ←

그런데 이 같은 상황에 균열이 감지되고 있다. 러시아-우크라이나 전쟁 장기화로 에너지 가격이 급등하고, 수십 년 만의 최고치로 상승한 인플레이션을 억제하기 위해 미국을 비롯해 세계 여러 나라의 중앙은행이 금리 인상에 나서면서 경제와 금융시장의 불확실성이 커졌다.

과거 글로벌 금융시장이 불안할수록, 세계 경제 여건이 어려울수록 강세를 보이던 일본 엔화가 2022년에 들어서는 좀처럼 힘을 쓰지 못하고 있다. 6월 현재 일본 엔화는 달러에 대해 연초 대비 15% 가까이 가치가 하락했다. 이것은 같은 기간 우리나라 원화의 달러 대비 절하 폭 8.4%를 크게 넘어서는 것일 뿐만 아니라, 전세계 주요 통화 중에서도 가치가 가장 큰 폭으로 하락한 것이라는 점에서 주목할 만하다.

엔화 약세의 원인은, 우선 일본이 수출보다 수입이 빠르게 증가해 무역수지가 적자를 기록하고 있는 사실에서 찾을 수 있다. 우리나라와 일본, 중국 등 극동 아시아 국가들은 원자재를 수입하고, 제품을 생산해 수출하는 구조를 가지고 있다. 수출은 서서히 증가하는데 반해 에너지와 농산물 등 원자재 가격 폭등으로 수입액이 크게 증가하면서 2022년 현재 일본의 무역수지가 적자를 기록하고 있다.

하지만 무역수지 악화가 엔화 약세에 대한 설명이 될 수는 있지만, 엔화가 왜 전세계 주요 통화중에서 약세 폭이 가장 큰지를 설명

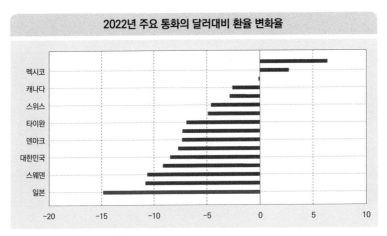

2022년 주요 통화의 달러대비 환율 변화율

자료: 블룸버그, 2022.6.24 기준

하기에는 부족하다. 더 중요한 이유로 일본의 금리 정책을 꼽을 수 있다. 40년만의 최고 인플레이션에 직면한 미국은 경기가 둔화되는 것을 감수하더라도 공격적으로 금리를 인상해 인플레이션을 억제하겠다고 선언했다. 2022년 6월 FOMC(연방공개시장조작위원회)에서는 1994년 이후 처음으로 75bp 기준금리 인상을 단행한 바 있다.

우리나라의 한국은행도 이미 수차례 기준금리를 인상했고, 심지어 우크라이나 전쟁의 영향으로 경기침체 위험이 커진 유로존의 유럽중앙은행(ECB) 조차 금리 인상이 임박했다는 신호를 보내고 있다. 어려운 경제 상황에서도 각국 중앙은행이 금리 인상에 나서고 있는 이유는, 인플레이션을 방치할 경우 경기 침체의 고통을 넘어

미국과 일본 국채 금리 추이

― 일본 10년 금리
― 미국 10년 금리

자료: 블룸버그

서는 더 커다란 경제 혼란이 올 수 있다는 점을 잘 알기 때문이다.

그런데 이 같은 흐름과 결을 달리하는 국가가 바로 일본이다. 일본 중앙은행(BOJ)는 여전히 초저금리 정책을 고수하겠다는 입장이다. 그 결과 미국과 일본의 금리차는 크게 확대되었다. 미일간 금리차 확대는 더 높은 금리를 찾아 자금이 일본에서 빠져나가는 중요한 원인이 되고 있다.

더 나아가 지금과 같은 인플레이션 위기 상황에서 다른 나라들처럼 금리 인상 정책을 실시할 수 없는 일본 경제의 구조적인 문제점들도 부각시키고 있다. 이런 이유들로 엔화의 안전통화로서의 위상이 흔들리고 있는 것이다.

→ 막대한 일본 정부 부채 ←

일본의 가장 큰 약점은 막대한 정부 부채 비율이다. 잘 알다시피 일본은 잃어버린 10년, 잃어버린 30년을 거치면서 정부 부채가 계속 증가해왔다. IMF의 자료에 따르면 2022년 전세계 186개 국가 중 일본의 GDP 대비 정부 부채 비율은 262%로 수단에 이어 전세계 2위로 추산되고 있다. 선진국 중에서 일본 다음으로 정부 부채 비율이 높은 이탈리아의 부채 비율은 150%다. 미국과 우리나라는 각각 125%, 52%다. 다른 선진 국가들과 비교할 때 일본의 정부 부채 규모가 얼마나 큰지 알 수 있다.

정부 부채 규모를 줄이기 위해서는 세금을 더 많이 거두어들여야 한다. 하지만 일본은 낮은 생산성으로 경제 성장이 수십년째 제자리 걸음을 하고 있다. 이런 상황에서 세금인상은 경제에 치명타가 될 수 있기 때문에 세금인상을 선택하기는 매우 어렵다. 더욱이 인구 노령화로 복지비용 등 지출 수요는 계속 증가하는데 반해 재원 마련은 턱없이 부족한 상황이다.

따라서 일본은 불가피하게 국채발행을 통해 정부 부채를 유지할 수 밖에 없는 상황에 처해 있다. 국채 발행에 따라 매년 지급해야 하는 막대한 이자 비용을 감안하면 일본 정부는 저금리 유지가 불가피하다. 금리가 상승할 경우 이자 비용이 증가해 정부 부채 부담이 더 커질 것이고, 금리 상승으로 국채가격이 하락할 경우 정부의 국채 발행이 어려워질 수 있기 때문이다. 일본은 막대한 정부 부채를 지탱하기 위해서 인위적인 저금리가 불가피한 상황이다.

한때 경제 규모가 세계 2위였던 국가가 이제는 전세계에서 정부 부채 비율이 가장 높은 나라가 되어 인위적인 초저금리를 통해서 정부 부채를 지탱해야 하는 상황이 되었다. 이것이 바로 엔화의 안전통화로의 위상이 흔들리고 있는 가장 큰 원인이다. 결국 '그토록 많던 와타나베 부인은 어디로 갔을까?'라는 의문에 대한 답은 무역적자와 막대한 정부부채에서 찾을 수 있다.

주식투자 경험이
많지 않은
김 팀장은

어떻게 **1년 만에**
해외 투자로
성공했을까?

4장

장기 **전망**이 밝은
인도와 **베트남**

잠자고 있는 호랑이,
인도

우리나라와 인도의 관계는 생각보다 오래전으로 거슬러 간다. 삼국유사에 따르면 고대 인도 야유타국의 공주였던 허황옥이 20여명의 일행들과 함께 배를 타고 가야국에 도착했다는 기록이 있다. 그리고 서기 48년 가야의 시조인 김수로왕과 결혼해 가야국의 국모가 되었다고 한다. 역사서에 기록된 최초의 이주 여성인 셈이다. 김수로왕은 김해김씨, 허황옥은 김해허씨의 시조다. 2000년 전의 일이어서 당시 사건에 대한 자세한 기록이 남아있는 것은 없지만 고대 우리나라와 인도 간 교류가 활발했음을 시사한다.

이와 같이 인도는 우리나라와 오래된 역사적 공통분모를 가지고 있는 국가지만, 현대에 들어서는 교류가 줄어들며 대부분 인도에 대해 잘 모르거나 단편적으로만 이해하게 된 것 같다.

인도 경제에 대해 하나씩 짚어보자. 인도는 국토면적이 남한의 30배를 넘고, 인구는 13억 8천만 명으로 세계 2위이며, 2022년 국내 총생산이 3조 3천억 달러로 세계 6위(구매력평가 기준으로는 세계 2위)를 가지고 있는 대국이다.

1990년에 이후 인도는 면허제도 개선, 관세율 인하, 민영화, 전력 및 통신 민영화 및 규제완화, 외국인 직접투자 유지 등 여러 경제 개혁 정책을 시시하였다. 그 결과 인도 경제는 1992년 이후 지난 30년간 연평균 6.3% 성장을 유지했고 1인당 국민소득도 18배나 증가했다. 경제 성장의 결과 2005년에서 2015년 10년 사이 2억 7천만 명이 빈곤층에서 벗어났다.

인구와 경제 규모에 비해 절대적인 경제 개발 정도는 아직도 가야 할 길이 멀다. 인도의 도시화율은 30%대에 그치고 있다. 전체 인구 10명 중 3명만 도시에 거주한다는 의미다. 참고로 중국의 도시화율은 60%대에 이르고 있다. 도시화율이 낮다 보니 농업 인구 비중이 높다. 전체 취업자 중 농업 종사자 비중이 42%를 차지하고 있다. 반면 서비스업과 광공업 종사자 비중은 32%와 26%에 그치고 있다.

농업인구 비중이 높고 광공업 규모가 크지 않다 보니 자연히 소득 수준도 높지 않다.

중국의 1인당 소득이 1만 달러, 우리나라가 3만 달러를 넘어선 것에 비해 인도의 1인당 소득은 2천 달러 수준에 머물고 있다. 2014년 친시장 성향의 모디(나렌드라 모디, 인도 총리) 정부가 출범한 이후 여러 경제 개혁 조치들이 단행되었고 최근에는 G7정상회의에서 우리나라와 함께 초청국 자격으로 참석해 국제적인 위상도 높아지고 있다.

엄청난 잠재력을 지닌
인도

필자는 인도 경제 전망에 대해서 긍정적으로 판단하고 있다. 경제의 외향적 성장만이 아니라, 경제 구조 역시 함께 발전할 것으로 예상하고 있다. 필자가 주목하는 요인은 크게 세 가지다. 첫째 인구 구성, 둘째 디지털 혁신, 셋째 국제 제조업 허브로 부각 가능성이다.

→ 인구 구성 ←

인구는 노동력과 수요를 함께 의미하기 때문에 경제 성장을 논할 때 매우 중요하다.

젊었을 때 일해서 벌어들인 소득으로 왕성하게 소비하고, 나이 들어서는 은퇴하면서 덜 소비하는 것이 일반적인 생애주기의 모습이다.

한 나라의 경우도 이와 비슷하다. 인구 증가율이 높거나 인구의 평균 연령이 젊은 나라는 노동력이 풍부하고, 소비성향도 높기 때문에 적절한 정책 노력이 취해질 경우 경제 성장률을 끌어올리기가 쉽다. 반대로 인구증가율이 낮아져 인구의 평균 연령이 높아지는 나라는 노동력 공급이 줄어들고 소비지출도 함께 둔화되기 때문에 경제의 어려움이 커진다. 물론 그동안 축적한 자본에서 소득을 얻을 수 있고, 기술혁신을 통해 노동력 감소를 만회할 수도 있겠지만, 말처럼 쉬운 일이 아니다. 쉽게 말해 인구의 평균 연령에 따라 경제의 활기가 달라진다는 말이다.

중국과 인도는 세계 인구 1,2위를 다투는 국가로 인구수 역시 엇비슷한 수준이다. 하지만 인구 구성에서 봤을 때 중국은 인도보다 훨씬 고령화되어 있다. 우선 인도의 인구 증가율은 1% 수준으로 중국의 인구증가율 0.26% 보다 매우 높다. IMF의 통계에 따르면 2023년에는 인도가 중국을 넘어서 세계 1위 인구 국가가 될 전망이다. 반면 중국은 오랜 한 자녀 갖기 정책의 영향으로 출생률이 낮아

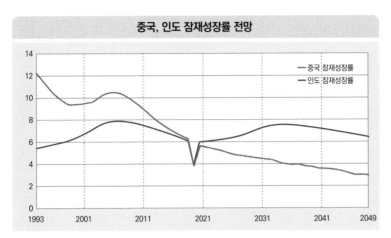

중국, 인도 잠재성장률 전망

─── 중국 잠재성장률
─── 인도 잠재성장률

자료: 블룸버그

져 2020년대 말에는 인구가 감소할 전망이다. 평균 연령도 중국이 38세인 것에 비해 인도는 26세로 12살이나 젊다. 물론 인구 하나만으로 경제 성장을 논할 수는 없지만 인도의 인구 측면 장점에 적절한 자본과 정책 노력이 맞물린다면 장기적으로 중국보다 인도의 성장 잠재력이 더 크다고 말할 수 있다.

2022년까지는 중국이 인도보다 잠재성장률이 더 높았지만, 2023년부터 양국의 잠재성장률이 역전되고 인도의 잠재경제 성장률은 2030년대 중반까지 7%대로 계속 상승할 것으로 예측된 반면, 중국의 잠재성장률은 2030년대 중반을 지나면 4%에 못 미칠 것으로 예측되었다.

→ 디지털 혁신 ←

인도는 국토 면적이 넓고 다양한 언어와 종교가 공존하는 분권화 된 정치체제를 가지고 있어 오랫동안 경제의 효율성을 낮추는 요인으로 작용하였다. 열악한 인프라 기반과 취약한 금융 중개기능 역시 경제 성장의 걸림돌로 빠지지 않고 지적되었다. 하지만 이같이 취약한 인프라, 금융환경이 역으로 디지털 혁신의 계기로 작용하고 있다. 맥켄지는 인도의 디지털 혁신이 지속적으로 진행된다면 2025년까지 최대 1조 달러의 경제효과를 거둘 것으로 내다봤다.

대표적인 것이 '아드하르(Aadhaar)'라고 하는 생체인식 디지털 ID 프로그램이다. 아드하르는 12개의 개인 고유 번호에 지문·홍채·안면인식 등의 생체 정보까지 포함한 것으로, 2013년 5억 명이던 등록자 수는 2022년 6월, 13억 1천만 명을 넘어섰다. 아드하르를 사용한 디지털 신원정보는 다양한 곳에서 활용되고 있다. 2014년에서 2017년 사이 은행 계좌를 개설한 인도인의 85%가 신원 확인 등을 위해 아드하르를 사용했고, 8억 7천만 개의 금융 계좌 및 공공복지 지급 계좌의 85%가 아드하르와 연계되어 있다. 그 결과 적어도 한 개 이상 디지털 금융 계좌를 갖고 있는 인도 성인은 2011년 대비 두

배 이상 증가해 80%에 달하고 있다.

인터넷 데이터 요금이 낮아지면서 인터넷 사용이 폭발적으로 늘고 있다. 2022년 6월 인도는 중국에 이어 전세계 인터넷 트래픽 2위를 차지하고 있다. 인터넷 사용자도 6억 2천만 명으로 중국 다음으로 가장 많다. 인구의 40%만 인터넷에 가입된 상태란 점을 고려할 때 성장 가능성은 매우 크다. 2023년이면 인터넷 가입자 수는 약 8억 명으로 늘어날 전망이다. 2021년 스마트폰 사용 대수도 전체 이동전화 보급대수의 62%인 7억 5천만 대에 이르고 있다. 인터넷 보급 확산과 모바일화로 디지털 금융 결제 건수는 2014년 1인당 2.2건에서 2018년 18건으로 늘었다. 여전히 현금 거래 중심이 많지만, 2025년이면 유통 거래의 60%는 현금 없이 이뤄질 전망이다.

→ 국제 제조업 허브 ←

인도는 저임금과 영어를 공용어로 사용한다는 장점을 무기로 이미 IT 서비스와 비즈니스 아웃소싱 분야에서 강점을 보이고 있다. 일부 서비스업에 국한되어 있는 인도의 허브 역량을 제조업과 첨단

IT 및 디지털 산업으로 확장시킬 경우 인도 경제에 큰 힘이 될 전망이다. 흐름은 긍정적이다. 인도 정부 입장에서는 농촌에서 도시로 유입되는 노동력을 흡수하고 경제 성장률을 높이기 위해서는 제조업 육성이 필수적이다. 글로벌 기업입장에서 봤을 때 인도는 저렴하고 풍부한 노농력을 가지고 있으며 잠재력이 큰 내수 시장에 접근할 수 있는 기회도 제공한다. 최근 몇 년 사이 디지털 인프라 역시 크게 발전된 점도 주목할 점이다. 영어도 통용되는 점도 빼놓은 수 없는 장점이다.

더욱이 인도 정부는 Make in India라는 기치 아래 제조 기반 확충에도 힘을 쏟고 있다. 실제 코로나19 이후 글로벌 공급망 재편에 대응하기 위해 해외제조업체 유치 노력을 하면서 생산 연계 인센티브도 제공하고 있다. 결국에는 서비스업과 제조업이 어우러진 시장으로 탈바꿈할 것으로 기대된다.

지정학적 흐름도 인도에게 유리하게 작용하고 있다. 미국의 중국 첨단 산업에 대한 견제가 강화되면서 글로벌 경제가 미국과 중국을 중심으로 한 블록화가 진행되는 양상이다. 이 같은 상황에서 글로벌 기업들은 아시아 지역의 직접투자 기지로 중국 대신 인도를 선택할 가능성이 높아지고 있다. 단순한 가능성이 아니라 실제로 이 같은 흐름이 확인되고 있다.

국제연합무역개발협의회(UNCTAD)가 내놓은 국제투자보고서 (World Trade Report, 2022)를 보면 2020년 전세계 직접투자는 코로나 19 영향으로 35%나 감소했다. 하지만 인도의 경우 구글 등 글로벌 ITC 기업 투자 유입에 힘입어 직접투자 유입액이 25%나 증가했다. 직접투자 유입 국가별 순위도 2019년 8위에서 3계단 상승한 5위를 기록했다.

이상에서 살펴본 인도 결제의 흐름을 봤을 때 장기적으로 인도 경제의 미래는 밝다고 생각된다. 막연하게 잠재력이 큰 나라에서 세계경제의 주요한 한 축으로 성장할 것으로 기대해본다.

경기에 덜 민감한
인도 주식시장

→ 인도 주식시장 특징 ←

인도 경제는 성장 잠재력이 매우 큰 반면, 경제 구조는 농업과 서비스업의 비중이 높고 제조업 비중이 낮아 경기 변동에 덜 민감한 특징을 가지고 있다. 이와 같은 경제 특징에 따라 글로벌 투자자들에게 인도 주식시장은 장기 성장성은 우수하면서도, 글로벌 경기변동에 덜 민감한 시장으로 알려져 있다.

주식시장의 업종 구성에서도 이 같은 사실을 확인할 수 있다. 인도 증권 거래소의 대표 지수인 Nifty50의 업종 구성을 비중이 높은 순으로 살펴보면, 금융(37.7%), 정보통신(16.9%), 에너지(11.9%), 소재(7.9%), 필수소비재(7.9%), 임의소비재(6.1%), 헬스케어(3.6%), 산업재(3.5%), 통신(1.8%), 유틸리티(1.7%) 순으로 이루어져 있다.

신흥시장(MSCI Emerging Market index)과 비교해서 우선 인도증시는 대표적 내수 산업인 금융업의 비중이 매우 높은 것이 확인된다. 반면 신흥시장과 비교해 상대적으로 가장 비중이 작은 업종으로 임의소비재를 꼽을 수 있다. 임의소비재는 보통 자동차나 전자제품과 같이 글로벌 수출 경기에 민감한 특징을 가지고 있기 때문에, 임의소비재 업종의 비중이 낮다는 점은 인도시장이 글로벌 수출 경기에 덜 민감하다는 의미로 해석할 수 있다. 정보통신 업종은 신흥시장에 비해 다소 낮았지만 격차는 크지 않았다.

→ 인도 주식시장 현황 ←

인도 주식시장은 시가총액 기준으로 전세계 10위권 내에 드는 매우 큰 규모를 가지고 있다. 인도의 증권거래소는 1875년에 설립하여 아시아에서 가장 오랜 역사를 가지고 있는 봄베이 증권 거래소(BSE: Bombay Stock Exchange)와 인도 국립증권거래소(NSE: The

National Stock Exchange)로 이원화 되어 있다. 인도국립증권거래소는 봄베이 증권거래소의 독점을 견제하기 위해 1992년 설립되었다.

Sensex 지수와 Nifty50 지수는 각 거래소를 대표하는 주가지수다. Sensex 지수는 BSE30 지수라고 불리기도 하며 봄베이 증권거래소에 상장된 종목 중 유동 시가총액을 기준으로 대표 30종목으로 이루어진 지수다. Sensex 지수는 1978년을 100으로 시작했으며, Sensex 지수는 전반적인 증시 흐름을 보여주는 지표로 활용되고 있다. 릴라이언스 인더스트리(에너지&석유화학), HDFC Bank(은행), infosys(IT 컨설팅&서비스), Housing Developing Finance Corporation(주택금융), ICICI Bank(은행) 등이 지수 상위 5대 종목 종목이다.

Nifty50 지수는 인도국립증권거래소에서 거래되는 종목 중 업종별 대표 50개 종목에 대해 유동 시가총액가중 방식으로 계산한 지수로 1995년의 기준 가격이 1,000이다. 인도국립증권거래소 전체 상장 종목 1,600개 중 50개만 추출한 지수지만 인도국립증권거래소 유동시가총액의 66%를 차지하기 때문에 대표 지수로 인정을 받고 있고 많은 기관투자자들의 포트폴리오나 구성이나 ETF 운용의 기준으로 활용되고 있다.

→ 인도 주식투자 ←

　인도 주식은 허용 기준이 까다로워 개인투자자가 접근하기 어려운 시장이다. 실질적으로 국내 개인 투자자가 인도 현지 거래소를 통한 개별 주식 매매는 허용되지 않고 있다.

　따라서 인도 주식에 투자하기 위해서는 인도가 아닌 제3국 또는 국내에 상장된 주식에 투자해야 한다. 가장 손쉬운 방법이 ETF를 통한 인도 주식투자다. ETF 투자가 개별주식에 투자하는 것이 아니라는 점이 보다 공격적인 투자자에게는 아쉬울 수 있겠지만 인도 시장 차제의 구조적 성장에 투자한다면 ETF는 매우 좋은 투자 수단이다. 자녀 증여나 연금 같이 투자 기간이 길 경우 인도 ETF는 매우 좋은 선택이 될 수 있을 것이다. 또한 미국이나 중국에 비해 인도 주식시장에 대한 자세한 정보를 얻기 어렵기 때문에 개별 종목 투자가 아니라 지수에 대한 투자이므로 자연스럽게 분산투자가 이루어져 개별종목 리스크를 신경 쓰지 않아도 되는 점도 장점이라고 할 수 있다.

　대표적인 인도 관련 ETF로 미국 증시에 상장된 iShares India 50 ETF(INDY)와 iShares MSCI India ETF(INDA)가 있다. iShares India

50 ETF은 Nifty50 지수를 추종하는 ETF로 편입종목이 50개 블루칩으로 구성되어 있다. iShares MSCI India ETF는 MSCI에서 산출하는 MSCI India 지수를 추종하는 상품으로 대형주 외에 중대형주도 포함하여 편입종목이 102개로 Nifty50보다 2배 정도 많고 금융업 비중이 상대적으로 낮다. 국내에도 KOSEF 인도 nifty50(합성)이 있다. 이 상품은 환 노출형 이기 때문에 주식성과 외에도 원/루피 환율의 영향을 받게 된다.

 국내에는 니프티50 지수를 추종하는 ETF 외에도 지수를 추종하지 않는 우수 액티브 펀드들도 많다. 이 중 몇 개를 소개하면 다음과 같다.

 'KB인디아' 펀드는 KB자산에서 출시했지만, 인도에서 가장 오래된 운용회사 중 하나인 UTI자산(Unit Trust of India)이 위탁 받아 운용하고 있다. 이 펀드에서는 부채가 거의 없는 우량기업들 위주로 투자한다. 따라서 다른 인도 주식형 상품보다 변동성이 낮은 편이다. 하지만 반대로 시장이 단기 급등할 때에는 일시적으로 뒤처지는 경우도 있다.

 '삼성 인디아2'와 '피델리티 인디아' 펀드도 철저한 종목 분석을 바탕으로 우수한 성과를 거둔 상품들이다. 두 상품 모두 성과가 검

증되었으므로 투자자 성향이나 스타일에 맞게 편하게 골라 투자하면 무리가 없다고 생각한다.

인도 주식형 가운데 가장 공격적인 상품은 '미래에셋 인도 중소형 포커스' 펀드다. 이름 그대로 중소형주에 주로 투자하므로 변동성도 크고 높은 수익률도 기대할 수 있다. 장기적으로 성장이 빠른 기업, 즉 고성장주를 많이 담고 있다는 점에서 여유 자금 중 일부를 오래 묻어둔다는 자세로 접근하기에 적합한 상품이라 생각한다.

위 액티브 상품들은 센섹스30이나 니프티50 같은 주가지수를 추종하지 않기 때문에 운용 성과가 지수와 많이 다를 수 있다. 따라서 투자 후 지수 성과를 보고 내 펀드 수익률이 어느 정도인지 가늠하기 어려울 수 있다.

앞서 언급한 주가지수들은 30개 또는 50개로만 이루어져 있지만, 실제 인도 봄베이 증권거래소에는 5천여 개가 넘는 종목들이 상장되어 있다. 액티브 펀드들은 이 수많은 기업들 중에서 우량하다고 판단되는 종목들 위주로 선별해 투자한다.

인도는 경제 성장률이 매우 높은 만큼 매출과 이익이 빠르게 증가하는 기업들도 많다. 더불어 이런 부분이 주가에 반영되어 있어

최근 3년 NIFTY50 ETF와 인도 ADR 투자성과

— 인도 ADR 지수
— iShares India 50 ETF

자료: 블룸버그

인도 주식시장은 주가수익비율(PER)이 코스피보다 훨씬 높다. 코스피 주가수익비율은 9~10배가 수준이지만 인도 주식시장은 18배 내외다. 이것만 보면 인도 주식시장이 비싸다고 할 수도 있겠지만 기업실적 증가율이 높기 때문에 비싼 값을 한다고 볼 수 있다.

ETF나 펀드 외에 미국 주식시장에 상장된 인도 ADR을 사서 개별 종목에 투자하는 방법도 있다. Dr.Reddy's Laboratories(RDY, 제약&바이오), ICICI Bank(IBN, 은행), Infosys(INFY, IT 서비스),Wipro(WIT, IT 서비스), Vedanta(VEDL, 건설 및 소재), Tata Motors(TTM, 산업 엔지니어링), Yatra Online(YTRA, 여행 및 레저) 등

15개 정도 종목에 투자가 가능하다. 개별 종목에 대한 확신이 있을 경우 ETF 대비 초과 성과도 가능할 수 있다. 15개 ADR로 이루어진 인도 ADR지수의 장기 성과는 Nifty50 ETF에 투자할 경우보다 우수한 것으로 나타났다.

중국이 주춤하니
인도가 뜬다

→ **국제 사회에 존재감을 알린 인도** ←

2021년 26차 유엔기후변화회의에서 인도와 중국의 엇갈리는 국제 무대 행보가 주목받고 있다. 유엔 기후변화 총회는 세계 각국 정상들이 모여 지구 온난화 억제를 위한 각국의 이행 계획을 재확인하고 협력방안을 논의하는 매우 중요한 회의다. 환경 전문가들은 지구 온난화로 인한 전지구적 재앙을 막기 위해서는 금세기 중반까지 지구 온도 상승을 산업화 이전 대비 1.5도 이내로 억제해야 한다고 경고해왔다. 이 목표를 달성하기 위해서는 금세기 중반까지 탄소배출 제로, 즉 탄소중립이 필요하다.

2015년 파리 기후협약 이후 현재 탄소중립을 선언한 국가는 133개 국가로 늘어났다. 미국과 유럽, 우리나라를 비롯한 대부분 선진국들은 2050년까지 탄소중립 달성을 목표로 하고 있다. 하지만 탄소중립을 달성하기 위해서는 막대한 친환경 투자가 필요하다. 따라서 자금여력이 부족한 개발 도상국에게 사실 쉬운 목표가 아니다. 그런 이유로 인도는 지금까지 탄소중립 목표를 제시하지 못했다. 그런데 이번 회의에서 인도의 모디 총리가 2070년까지 탄소중립을 달성하겠다고 깜짝 선언을 한 것이다. 물론 인도의 탄소중립 목표는 선진국보다 20년 늦은 것이고, 2060년을 목표로 하고 있는 중국과 러시아, 사우디보다도 10년 늦은 것은 사실이다. 하지만 선진국의 소득 수준이 수만달러에 이르고 중국도 1만 달러를 넘은 것에 비해 인도의 경우 아직도 2천 달러 수준인 것을 감안할 때 인도의 탄소 중립 목표 제시는 고무적이라고 평가하는 분위기다.

특히 인도가 중국과 미국에 이어 전세계 3위 탄소배출 국가이기 때문에 인도의 탄소중립 대열에 동참함으로써 지구 온난화와 싸움에 실질적으로 큰 도움이 될 것이라고 환경 전문가들은 평가하고 있다. 인도는 전력 생산의 석탄 발전 의존도가 2020년 70%로 매우 높다. 또한 탄소배출 감축 목표를 발표했지만 구체적인 계획은 아직 부족한 상황이다. 막대한 재원 마련도 인도가 넘어야 할 과제다.

하지만 희망적인 부문도 있다. 인도가 친환경 발전에 유리한 자연 구조를 가지고 있다는 점이다. 인도의 태양광 발전단가는 전세계에서 가장 낮고 풍력 발전도 브라질에 이어 전세계에서 두 번째로 낮다.

인도 모디 총리가 환경 문제에 적극적으로 참여해 국제사회에서 존재감을 높이는 것과 달리 중국은 엇박자를 내고 있다. 시진핑 총리는 이번 기후변화회의에 직접 참석하지 않았기 때문이다. 전세계적으로 중요한 의미를 갖는 회의에 중국만 정상이 참석하지 않은 이유는 뭘까? 사실 시진핑 총리가 해외 행사에 모습을 드러내지 않은 것은 이번뿐만이 아니다. 정확히 말하면 시진핑 총리는 2020년 1월 미얀마 방문 이후 2년 가까이 국내에만 머물러 있다. 일부에서는 2022년 베이징동계올림픽과 10월 당대회 3연임 행사를 앞두고 있는 시진핑 총리가 혹시라도 모를 코로나19 감염 위험 때문에 해외 순방을 하지 않고 있다고 말하고 있다. 그리고 코로나19로 국제사회에서 중국에 대한 호감도가 바닥을 치고 있는 상황에서 시진핑 총리가 해외에 모습을 드러내도 별로 득이 될 것이 없다는 계산도 깔려 있는 것 같다.

중국은 연이은 홍수 피해, 헝다사태, 전력 부족사태로 경제의 어려움이 커졌다. 미국을 중심으로 서방 국가들의 중국에 대한 경제적, 지적학적 견제 수위도 높아지고 있다. 중국도 고성장이 이제는 옛말이 되었다. 더욱이 중국은 자의든, 타의든 국제사회에서 점차 멀어지고 있다.

→ 중국이 주춤하니 인도가 뜬다 ←

중국이 주춤하니 인도가 반사이익을 보는 형국이다. 중국 경제는 안으로는 공동부유를 앞세운 정부의 기업규제와 헝다 사태로 촉발된 부동산 시장 급냉으로 어려움을 겪고 있고 밖으로는 미국을 중심으로 한 서방국가들이 쌓아 놓은 기술장벽에 막혀 있다. 정치, 외교적으로도 중국이 주변 국가들에게 강경한 모습을 보이면서 중국의 영향력 확대를 견제하려는 움직임이 뚜렷해지고 있다.

이와 같은 상황에서 인도가 대안으로 부상하고 있다. 친서방 자본주의를 수용하고 있는 인도는 중국과 같은 정부의 규제 위험에서 자유롭고 중국보다 임금은 저렴하면서도 중국 못지 않게 잠재력이 큰 시장을 가지고 있다는 장점이 있다. 덧붙여 영어를 공용어로 사용하고 있기 때문에 언어 장벽도 낮다는 장점도 있다. 이같은 상황 변화를 인식한 글로벌 기업들이 중국 대신 인도를 새로운 투자 기지로 선호하고 있다. 코로나19 영향으로 전세계 외국인 직접투자가 크게 위축되는 상황 속에서도 지난해 인도의 외국인 직접투자는 증가를 기록했다. 주식시장도 지난 2021년 MSCI 중국 지수가 16% 하락한 사이 MSCI 인도 지수는 29%나 상승했다.

인도 경제 호조는 중국 견제에 따른 반사 효과 외에도, 인도 경제의 구조적인 변화도 중요한 원인이다. 인도가 가지고 있는 젊고 풍부한 노동력과 2010년대 중반부터 빠르게 진전된 디지털화와 시너지를 발휘하면서 인도의 잠재력이 현실로 구체화되는 모습이다. 세계 투자 자금이 몰리면서 10억 달러(약 1조 원)이상의 기업가치를 인정받는 '유니콘' 기업이 많아졌다. 2022년 3월 인도는 총 64개의 유니콘 기업을 보유해 중국(180개) 보다는 작지만 중국과의 격차는 점차 줄고 있다.(자료: statista)

최근 인도의 모습은 마치 중국이 2000년대 초반 WTO 가입 후 고성장기에 접어들었던 당시의 상황과 비슷하다고 생각된다. 최근 인도 주식시장이 워낙 많이 상승해 단기적으로 가격 부담이 커진 것은 사실이다. 하지만 긴 안목에서 봤을 때 인도 시장에 더 많은 관심이 필요하다고 생각된다.

작지만 무시할 수 없는
베트남

베트남은 인구가 거의 1억 명에 육박해 남한보다 훨씬 많다. 아울러 베트남은 세계에서 가장 빠르게 성장하는 매우 역동적인 국가라는 점에서 마냥 무시할 수만 없다고 생각해 필자도 전체 금융자산 중 일부를 베트남 펀드에 투자했다.

베트남은 코로나19로 전세계가 어려움을 겪은 2020년과 2021년을 제외하고, 최근 수년간 연6~7%라는 높은 경제 성장률을 기록했다. 2022년과 2023년에도 고속 성장할 것으로 주요 기관들이 예측했다.

이처럼 초고속 성장을 구가하는 데에는 그만한 이유가 있다. 공

베트남 경제전망										
지표	2015	2016	2017	2018	2019	2020	2021	2022	2023	2024
경제활동										
실질 GDP (YoY%)	6.7	6.2	6.8	7.1	7.0	2.9	2.6	7.3	6.7	6.2
CPI (YoY%)	0.6	2.7	3.5	3.5	2.8	3.2	2.0	3.0	3.5	
실업률 (%)							2.9	2.6	2.3	
대외수지										
경상수지 (GDP대비%)	-0.9	0.3	-0.6	1.9	4.0	0.7	-1.2	1.8	2.7	
재정수지										
예산 (GDP대비%)							-5.2	-4.1	-3.5	
금리										
중앙은행 금리 (%)	6.50	6.50	6.25	6.25	6.00	4.00	4.00	4.40	4.85	
3개월 금리 (%)	5.15	5.10	4.30	5.25	3.80	1.30	2.60			
2년 중기채 (%)										
10년 중기채 (%)	7.17	6.28	5.57	5.15	3.56	2.32	2.15			
환율										
USDVND	22485	22761	22698	23175	23173	23098	22826	22600	22400	21500

자료: 블룸버그

산국가임에도 불구하고 외국인 투자를 적극적으로 유치하려는 노력을 지속하고 있기 때문이다. 열심히 일하려는 젊은 노동자가 풍부한데다 정부도 열린 자세로 외국 기업들을 환대하는 자세를 보임에 따라 한국의 대기업뿐만 아니라 일본, 대만의 유수 거대 기업들이 베트남에 계속 진출하고 있다.

이렇듯 많은 글로벌 대기업들이 베트남을 제조업 기지로 활용해 현지에서 최종 생산한 제품을 해외에 수출하는 사례가 증가하면서 베트남의 경상수지도 흑자로 돌아서고 만성적으로 부족했던 외환 보유고도 늘었다. 더욱이 일자리가 늘어나고 개인들의 소득과 소비도 늘어나면서 경제 규모도 커지는 선순환 흐름을 보이면서 경제가 이전과는 다른 모습으로 탈바꿈하고 있다.

쑥쑥 자라는 어린이, 베트남 주식시장

베트남 주식시장은 아직은 한국에 비하면 아주 작다. 한국 KOSPI 는 시기총액이 2천조 원에 육박하고 구성종목 수도 900여 개에 이르는 반면, 베트남 호치민 지수는 시가총액이 원화기준으로 약 300조 원에 불과해 400조 원을 상회하는 삼성전자보다도 작고 구 성종목 수도 400여 개 남짓에 불과하다.

그런데도 베트남은 우리나라 투자자들의 관심이 많은 편이다. 그 렇지만 위처럼 규모가 작다 보니 변동성도 큰 탓에 2018년 증시 과 열 후 급락으로 우리나라 투자자들에게 큰 고통을 안겨주기도 했 다. 2022년 들어 코로나19 방역 성공과 정부의 경기부양책을 바탕

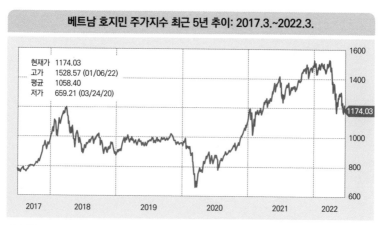

베트남 호지민 주가지수 최근 5년 추이: 2017.3.~2022.3.

현재가 1174.03
고가 1528.57 (01/06/22)
평균 1058.40
저가 659.21 (03/24/20)

1174.03

자료: 블룸버그

으로 양호한 경제회복을 보이고 기업실적도 개선되고 있다. 더욱이 2020년 말부터 외국인 투자자금이 순유입세로 돌아서고 현지 개인 투자자들도 주식시장에 적극 참여하면서 베트남 호치민 지수가 사상 최고치를 넘나들고 있다.

이에 따라 베트남 주식형 상품을 계속 보유한 많은 투자자가 수익을 누리고 있는 상태다. 지금 환매할지 계속 놔둘지 올해 내내 문의가 많은데, 투자 비중이 크지 않으면 가급적 유지하도록 권해 드리고 있다. 백신 보급과 더불어 세계 경제가 활력을 되찾으면 그 수혜를 누릴 수 있기 때문이다. 아울러 베트남 주가 수준은 저렴한 편이다. 호치민 지수는 2022년 3월 기준 향후 12개월 예상이익으로 산출한 주가수익비율(Price Earnings Ratio)이 14배 수준으로, 비슷하게 고성장하는 기업이 많은 인도 SENSEX30 지수의 20배 내외보다 훨씬 낮다. 다만, 경제와 시장 규모가 작고 자본시장이 덜 발달되어 있기 때문에 베트남 시장에는 많은 금액을 배분하기보다는 전체 자산 중 일부만 투자하는 전략이 바람직하다고 판단된다.

한국에 출시된 베트남 투자상품 몇 가지를 소재하고자 한다. 가장 이해하기 쉬운 간단한 상품은 'KB스타 베트남 VN30인덱스' 펀드다. 이 상품은 베트남을 대표하는 종목 30개로 이루어진 베트남 VN30지수를 추종한다.

이 외에도 여러 액티브 펀드들이 있다. 가장 먼저 떠오르는 상품은 'KB 베트남 포커스'다. 이 펀드는 KB자산운용에서 출시했지만, 전체 자산 가운데 절반 가량은 베트남 현지 최대 운용회사인 드래곤 캐피탈(Dragon Capital)에 위탁하고 나머지는 KB자산에서 직접 운용한다.

우리나라 여타 운용사들도 오래 전부터 베트남 펀드를 출시해 운용해오고 있다. 대부분 베트남 현지에 직접 진출하여 경력도 많이 쌓고 이를 바탕으로 성과도 양호하게 거두고 있다. 대표적 상품으로 '미래에셋 베트남, 한국투자 베트남그로스, 유리 베트남 알파' 펀드 등이 있다. 이 가운데 '유리 베트남 알파'는 한국에 있는 유리자산운용이, 베트남에 진출해 있는 또 다른 한국계 운용사인 '피데스 자산(베트남)'에 맡겨 운용하도록 하는 구조다.

위 펀드들 대부분 성과가 양호하므로 투자자 입맛에 맞게 편하게 고르면 큰 무리가 없다고 생각한다. 다만 베트남 주식시장은 아직 규모가 작아 외국인 투자 자금의 유출입에 따라 시장이 크게 등락할 수 있다는 점을 잊지 말아야 한다.

한편 수많은 유수 외국기업들에 베트남에 생산 공장을 설립해 아시아의 제조 기지로 입지를 다지고 있다는 점은 아주 긍정적인 부분이다. 그런데 코로나19 발생으로 수많은 공장들이 문을 닫고 가동을 중단하면서 커다란 타격을 받았다. 더욱이 백신 접종도 유럽과 한국에 비해 많이 늦어 경제활동 정상화가 지연되었다. 다시 말해 코로나19 확산으로, 제조업 기지라는 베트남의 긍정적인 부분이 독(毒)으로 바뀌어버린 것이다.

하지만 미국의 지원 등에 힘입어 백신 접종률이 올라가면서 경제와 주식시장이 동반 회복하는 모양새다. 향후 변이 바이러스가 추가로 확산되지 않는다면 공장 가동률 증가와 더불어 주식시장도 오름세를 보일 수 있다고 판단한다.

마지막으로 중요한 포인트는, 현재 프런티어 마켓(Frontier Market)으로 분류되어 있는 베트남 시장이 신흥국(Emerging Market)으로 격상될 수 있는지 여부다. 각종 금융시장 지수를 제공하고 있는 모건 스탠리 캐피탈 인터내셔널(Morgan Stanley Capital International) 기준에 따르면 글로벌 주식시장은 크게 세 가지로 나뉜다. 하나는 가장 발달된 선진시장(Developed Market)으로 미국, 일본, 독일을 포함하여 발달된 여러 시장이 포진되어 있다. 다음은 한국, 중국, 인도, 브라질, 러시아 같은 나라들이 들어있는 신흥국(Emerging Market) 지수다. 마지막은 시장이 가장 덜 발달된 나라들 위주로 구성된 프런티어 마켓이다.

지금은 베트남 시장이 외국인 투자 제한 등 걸림돌이 여럿 있지만 정부가 이런 부분들을 개선하기 위해 적극 노력하고 있기 때문에 필자는 앞으로 몇 년 안에 베트남 주식시장이 신흥시장으로 격상될 가능성이 있다고 생각한다.

5장

대체투자 및 원자재

원자재

대체투자란 쉽게 말해 주식이나 채권 같은 전통 자산 이외의 투자라고 생각하면 된다. 원자재(Commodities)는 대표적인 대체투자 자산이다. 리츠(REITs) 또는 부동산, 그리고 공항, 항만, 철도, 고속도로 같은 인프라도 여기에 속한다.

원자재(Commodities)는 크게 다섯 가지로 나눌 수 있다. 바로 에너지, 귀금속, 산업금속, 그리고 농산물과 축산물이다. 다음은 S&P라는 회사가 제공하는 대표적인 원자재 종합지지수로서 원자재 시장을 구성하는 에너지, 산업금속, 귀금속, 농산물, 축산물 등에 대해 생산량과 거래량을 고려하여 산출한다. 이 가운데 가장 큰 비중을

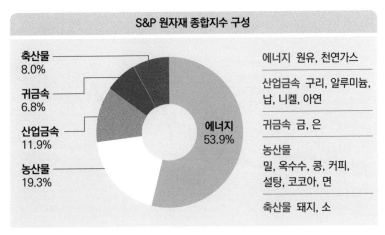

S&P 원자재 종합지수 구성

축산물
8.0%

귀금속
6.8%

산업금속
11.9%

농산물
19.3%

에너지
53.9%

에너지 원유, 천연가스

산업금속 구리, 알루미늄,
납, 니켈, 아연

귀금속 금, 은

농산물
밀, 옥수수, 콩, 커피,
설탕, 코코아, 면

축산물 돼지, 소

자료: 블룸버그

차지하는 부문은 원유와 천연가스로 구성된 에너지 섹터다.

　다음 그림은 2022년 3월 기준 최근 5년 동안의 S&P 원자재 종합 지수 추이를 나타내는 그래프다. 2018년 봄부터 2020년 중반까지 급등세를 보인 뒤 2021년까지 조정세를 나타냈지만 2022년부더 다시 강한 오름세를 기록했다. 러시아가 우크라이나를 침공하면서 에너지 공급 차질 우려가 커지면서 국제 유가가 폭등했기 때문이다. 여기에 글로벌 팬데믹 영향으로 기타 산업금속 등 다른 원자재 수급이 악화된 탓도 있었다.

　먼저 대표적 전통 에너지인 원유에 투자하는 방법은 직접투자와

원자재 종합지수 추이

━ XAU Curncy	현재가	1985.09
━ SMAVG (5)	종가	2004.55
━ SMAVG (20)	종가	1930.55
━ SMAVG (120)	종가	1822.29

자료: 블룸버그

금융상품을 통한 간접투자가 있다. 원유를 정제하는 기업들은 중동 국가 등에서 원유를 직접 구매해 배로 싣고 오기도 한다. 하지만 일 반인들이 원유를 직접 구입하는 일은 아주 드물고 통상은 금융투자 상품으로 접근한다.

원유 관련 금융투자상품은 크게 두 가지로 나뉘는데 하나는 미국 서부텍사스중질유, 즉 WTI(West Texas Intermediate)나 북해산 브렌트 (BRENT) 가격 등을 추종하는 상품이고 다른 하나는 원유 채굴, 수 송, 정제, 판매하는 상장기업 등에 투자하는 상품이다.

원유가격을 추종하는 금융상품은 주로 원유 선물(Futures)로 운용된다. 그런데 원유 선물은 통상 만기가 한 달로 짧아 운용자는 매달 만기 연장을 해야 하는 부담이 있다. 예를 들어 지금이 3월이라고 치자. 그리고 현재 보유하고 있는 원유 선물은 만기가 4월이라고 한다면, 만기가 도래하는 4월에는 만기가 5월 또는 6월인 원유 선물로 갈아타야 한다. 그런데 이때 5월 또는 6월 만기 원유선물의 가격이 이미 높게 거래되고 있다면 만기 연장을 하면서 비싸진 가격의 원유선물로 갈아타게 되는 문제가 생길 수 있다. 이런 일이 되풀이되면 원유 현물 가격은 20% 올랐는데 원유 선물로 운용하는 투자상품은 20%를 훨씬 밑도는 사례도 나타날 수 있다는 점도 유의해야 한다.

이런 상품 구조가 맘에 들지 않는다면, 대안으로 에너지 관련 상장기업 위주로 운용하는 펀드나 ETF를 투자하는 방안도 생각해 볼 수 있다. 에너지 관련 기업은 다양하다. 채굴하는 회사도 있고 원유를 정제해 판매하는 기업도 있다. 이와 관련한 대표적인 투자상품으로는 '블랙록 BGF 월드 에너지'라는 펀드다. 이 상품은 국내에서 판매되고 있지만 역외에 설정되어 달러로 투자해야 한다. 이 역외 펀드에 재간접 형식으로 투자하는 '하이 월드 에너지'라는 상품은 원화로 투자 가능하다. 아울러 송유관을 깔아 놓고 임대를 하는 상장사도 있다. 이런 기업들은 전통 에너지로 분류되는 원유의 채굴량, 판매량 그리고 가격에 따라 기업이익이 영향을 받는다. 그런데 글로벌 기후변화 문제가 날로 심각해지면서 주요 선진국을 필두로 세계 각국이 원유 대신 친환경 에너지인 풍력, 태양광 발전을 적극 강조하고 있다. 성장성은 양호하지만 새로운 분야인만큼 불확실성도 크기 때문에 일반적으로 변동성도 높다.

대표적 친환경 에너지 상품을 몇 가지 소재하고자 한다. 하나는 '블랙록 BGF 지속가능 에너지'라는 펀드다. 이 상품은 해외에 상장된 역외펀드여서 달러로 가입해야 한다. 풍력, 태양광, 배터리 제조 관련 기업 40~50개를 선별해 투자하는 글로벌 펀드다. 다른 하나는 '삼성 글로벌 클린에너지'라는 펀드다. 앞에서 언급한 '블랙록 BGF 지속가능 에너지'와 비슷한 상품으로 삼성자산운용이 직접투자하지 않고, 오랜 역사를 자랑하는 스위스의 픽테(PICTET)자산이 운용하는 상품에 재간접으로 투자한다. 또 하나는 S&P 글로벌 클린에너지 지수를 추종하는 '멀티에셋 글로벌 클린에너지'라는 펀드가 있다.

향후 10~20년을 내다볼 때 전통 에너지인 원유보다는 친환경 에너지가 더욱 부각될 수 있다고 생각한다. 다만 그 사이 부침을 있을

금 현물가격 추이

━ XAU Curncy	현재가	1985.09
━ SMAVG (5)	종가	2004.55
━ SMAVG (20)	종가	1930.55
━ SMAVG (120)	종가	1822.29

자료: 블룸버그

수 있으므로 가격이 하락할 때마다 조심씩 나눠 산다는 자세로 접근하되 전체 자산 중 일부만 배분하는 전략이 바람직해 보인다.

금속은 산업금속과 귀금속으로 구분할 수 있는데 시장에 산업금속에 투자하는 상품은 드물뿐 아니라 일반인들이 접근하기에 변동성이 너무 크기 때문에 여기서는 따로 소개하지 않겠다. 대신 귀금속의 대표주자인 금(Gold)에 대해 간단히 언급하고자 한다.

녹슬지 않는 차가운 광물의 하나인 금(Gold)은 일반 금속과는 다른 독특한 면이 있다. 바로 대부분의 사람들이 좋아한다는 사실이다. 실제로 우리나라뿐만 아니라 중국, 인도 등에서는 결혼을 할 때

예물로 많이 이용한다. 금(Gold)은 채권이나 주식처럼 이자나 배당금이 나오지 않는데도 많은 사람들이 거리낌없이 투자한다.

그렇지만 금(Gold)은 수많은 투자 대상 중의 하나에 불과하다는 사실을 기억해야 한다. 이를 풀어 설명하자면, 주식이나 채권의 투자매력도가 올라가면 금(Gold)은 상대적으로 소외될 수도 있다는 뜻이다. 주가가 저렴해서 주식시장으로 돈이 몰리거나 채권금리 급등으로 금리 매력이 커져 채권시장으로 자금이 쏠리면, 이자나 배당금이 없는 금(Gold)이 소외될 수도 있다는 얘기다. 2020년 이후 투자자 관심이 급격히 커진 비트코인도 금과 경쟁하는 투자 대상의 하나라는 점도 기억하자.

하지만 글로벌 금융위기나 코로나19 팬데믹으로 전세계 경제가 어려움에 빠져 주요국 중앙은행이 엄청나게 돈을 뿌리게 되면 이 자금이 일시적으로 원자재 시장으로 넘쳐 흘러 들어가 가격이 단기 급등하는 현상이 생기기도 한다. 따라서 이런 투자 기회를 감안하여 금(Gold)에 자산의 일부를 배분하는 방법도 생각해 볼 수 있겠다.

리츠(REITs: Real Estate Investment Trust) 및 부동산

전파력이 강한 코로나19 변이 바이러스가 우리를 괴롭히고 있다. 이 탓에 정상을 되찾아가려던 글로벌 경제 회복의 걸림돌이 되고 있다. 하지만, 각국의 정책 지원과 백신이라는 무기를 기반으로 결국 글로벌 경제는 회복세를 이어갈 수 있으리라 예상한다.

이와 더불어, 그동안 찬바람이 강하게 불었던 쇼핑몰(Shopping mall)이나 호텔 같은 상업용 부동산 시장에도 향후에는 점차 온기가 돌 수 있다고 전망한다. 당장은 그 시기를 정확히 예측할 수 없지만 전세계적으로 백신 접종률이 높아지면서 사람들이 국경을 더욱 자유롭게 넘어 여행도 하고 쇼핑도 즐길 수 있게 되는 상황을 떠올려 본다면 위와 같은 부동산 관련 상품 투자도 고려해 봄직하다.

리츠는 투자자로부터 자금을 모아 부동산에 투자하여 임대수익이나 매각차익을 얻어 투자자들에게 대부분(통상 90% 이상) 배당하는 투자신탁 상품이다. 통상, 거래소에 상장되어 있어서 개인이나 기관 투자자들이 쉽게 사고팔 수 있다. 하지만 개인이 직접 분석해 투자하기 어려울 수 있으므로 비교적 잘 분산된 리츠 펀드나 ETF 신탁 상품을 권한다. 펀드나 ETF는 소액으로도 투자할 수 있다는 장점이 있다. 더욱이 부동산 직접투자와는 다르게, 거래소에 상장된 종목을 대상으로 투자하므로 환매가 자유로워 환금성도 뛰어나다.

일반적으로 '○○리츠'나 '○○부동산'이라는 이름이 달린 금융투자상품은 상장 리츠 외에도 부동산 기업에도 투자한다. 글로벌 리츠 시장은 미국이 50% 이상을 차지하지만, 유럽, 일본, 홍콩, 싱가폴, 호주도 리츠 시장이 발달되어 있다. 한국은 아직 걸음마 단계로 상장 리츠 수가 많지 않고 거래량도 적으므로 글로벌 리츠를 먼저 고려해보자.

리츠, 부동산 투자상품의 세부 업종은 주택, 쇼핑몰, 사무실, 호텔, 산업용 등 다양하다. 산업용 중에서는 요즘 대세인 온라인 쇼핑의 수혜가 큰 물류센터도 들어 있다. 가장 대표적인 글로벌 리츠 상품에는 KB자산에서 직접 운용하는 'KB 글로벌 코어 리츠', 그리고 하나UBS자산에서 해외의 골드만삭스자산운용에 위탁하는 '하나UBS 글로벌 리츠' 펀드가 있다.

리츠나 부동산 투자회사는 기관투자가들의 주요 관심 대상이기도 하다. 다시 말해, 꾸준히 배당을 하는 인컴(Income) 자산에 속하기 때문에 대형 연금기금이나 인컴형, 자산배분형 펀드에서도 빼놓지 않고 배분한다.

리츠는 고수익을 노릴 수 있는 공격적인 성장 스타일 상품보다는 기대수익률이 낮다. 그렇지만 지금처럼 전세계적으로 금리가 그리 높지 않은 상황에서는 리츠 같은 인컴형 자산은 분명 관심을 기울일 만한 자산 중 하나다. 배당이나 인컴 자산에 관심이 많은 투자자에게는 포트폴리오에 일부 담는 전략을 권하고 싶다.

인프라
(Infrastructure)

개인들의 투자 니즈가 이전보다 더욱 다양해지면서 주로 기관투자가들의 영역이었던 인프라(Infrastructure) 관련 투자상품을 찾는 사례도 늘어나고 있다. 인프라하면 공항, 유료 도로, 항만, 물류센터 같은 운송 인프라가 먼저 떠오를 것이다. 이를 조금 더 확장하면 전통 에너지인 오일과 가스 관련 시추, 운송, 파이프라인, 저장, 정제 부문까지 포함하기도 한다. 하지만 최근에는 그 범위가 더욱 넓어지고 있다. 위에 언급한 전통 에너지 외에 태양광, 풍력, 수력, 배터리 등 청정 에너지 분야도 여기에 속한다.

아울러 산업 디지털화에 따른 기업들의 데이터 수요와 사용 급증으로 데이터를 전송하는 통신 타워와 데이터 저장 관련 스토리지 인프라까지 그 영역이 넓어졌다. 더욱이 각국 친환경 정책의 수혜가 예상되는 폐기물 또는 수자원 관리 분야, 그리고 노령화로 성장이 기대되는 헬스케어 분야도 인프라 투자 대상으로 떠오르고 있다.

인프라 기업들은 몇몇 기업이 독과점을 형성해 진입 장벽이 높은 경우가 많아 사업이 안정적인 특징을 지닌다. 게다가 사용량과 이용료를 기반으로 수익을 얻고, 이용료가 물가상승률과 연동되는 경우가 일반적이어서 인플레이션 국면에서도 수익이 줄어들지 않고 오히려 늘어나는 구조다. 이런 점에서 인프라 투자상품은 인플레이션을 일부 헤지하는 수단으로 활용되기도 한다.

더불어 인프라 자산은 경제에 꼭 필요한 사회 기반시설 또는 생활 필수시설로 경기 민감 업종에 비해 경기 부침의 영향을 비교적 적게 받아 매출이 꾸준한 편이다. 이 덕분에 안정적인 현금 창출을 바탕으로 배당금도 많이 지급한다. 실례로 글로벌 주식시장의 평균 시가배당률은 연2~3% 수준이지만 글로벌 인프라는 연3~4%로 더 높다.

변동성도 낮은 편이다. 2022년 3월 기준 최근 1년간 글로벌 주가지수(MSCI AC World Index)의 최고점에서 최저점까지의 최대 하락 폭은 -13.6%였지만 글로벌 인프라지수(S&P Global Infrastructure

Index)는 −6.9%로 절반 수준에 그쳤다.

향후 코로나19가 종식되고 글로벌 경제활동이 정성 궤도에 진입하게 되면 운송을 비롯한 각종 인프라 수요도 증가할 것으로 전망된다. 시장은 이런 기대를 일부 선반영해서인지 2022년 3월 22일 기준 최근 1년 수익률에서도 글로벌 인프라지수가 +10.4%로 글로벌 주가지수 +5.9%보다 앞서고 있다. 다만, 인프라 분야는 특정 섹터라는 점을 고려하여 많은 금액을 배분하기보다는 포트폴리오 분산 차원에서 일부 담는 정도로 접근하는 방안이 좋지 싶다. 대표적 상품으로는 하나UBS자산에서 해외의 골드만삭스자산에 위탁하는 '하나UBS 글로벌 인프라' 펀드가 있다.

주식투자 경험이
많지 않은
김 팀장은

어떻게 **1년 만**에
해외 투자로
성공했을까?

부록

펀드 이해하기

펀드(fund)는 집합투자증권을 일컫는 말이다. 다시 풀어 설명하자면, 여러 투자자로부터 자금을 모아 굴리는 투자 바구니라 할 수 있다. 모은 돈을 굴리는 역할은 소위 운용회사라는 곳에서 대신한다. 이런 운용회사는 '○○자산운용'이나 '○○투신운용' 같은 식으로 이름이 지어져 있다. 대표적 운용회사로는 KB자산운용, 슈로더투신운용, 미래에셋자산운용, 피델리티자산운용, 삼성자산운용 등이 있다. 이처럼 펀드는 투자자가 맡기 돈을 운용회사가 대신해서 운용하기 때문에 간접투자상품이라 불린다. 투자자가 직접 돈을 굴리지 않고 운용회사의 전문가, 즉 펀드매니저를 통해 간접적으로 운용하도록 하는 구조다.

하지만 통상 펀드에 투자하기 위해 운용회사에 갈 필요 없이, 거래하는 은행이나 증권회사로 찾아가면 된다. 자동차에 비유하자면 운용회사는 자동차 공장이라 할 있고 은행이나 증권회사는 자동차 판매대리점이라 할 수 있다. 그랜저를 사려 할 때 아산공장에까지 갈 필요 없이 주변에 있는 현대차 판매대리점에 가면 되는 것과 같은 이치다.

만약 미국시장에 투자한다고 할 때 가장 먼저 떠오르는 펀드는 S&P500지수를 추종하는 인덱스 펀드다. 인덱스 펀드는 미국 S&P500지수, 한국 KOSPI200지수, 일본 NIKKEI225지수처럼 특정 시장이나 지수의 수익률을 그대로 따라가도록 운용하는 펀드를 일컫는다.

참고로 국민은행 지점에 가면 KB자산운용이 운용하는 'KB스타 미국 S&P500인덱스'라는 펀드가 있다. S&P500지수는 미국에 상장된 대기업 500개 담아 놓은 지수여서 우리가 아는 미국 기업들은 대부분 포함되어 있다. 따라서 미국 주식에 간접 투자한다고 할 때 가장 먼저 권하고 싶다. 집중투자로도 유명한 워런 버핏도 본인이 죽으면 아내에게 어떻게 투자하라고 권하고 싶으냐는 질문을 받았을 때, 개별주식보다는 S&P500지수 투자를 권하고 싶다고 답한 적이 있다. S&P500지수에 속하는 500대 기업은 충분히 믿을 만하다는 뜻이기도 하다.

펀드에 투자하려고 은행이나 증권회사에 가면 여러 확인 사항이 있다. 이 가운데 가장 중요한 것은 투자자 본인의 '투자성향분석'이다. 여러 질문에 솔직하게 답변해야 본인의 정확한 투자성향을 알 수 있다. 다음으로, 펀드에 대한 자세한 설명이 담겨있는 '투자설명서'라는 자료도 반드시 읽어보아야 한다. 여기에는 펀드의 위험등급은 어떤지, 어디에 어떻게 투자하는지, 판매수수료, 판매보수, 운용보수가 얼마인지 상세히 나와 있다. 판매수수료는 가입시 딱 한 번 지불하는 수수료다. 반면, 판매보수와 운용보수는 펀드를 보유하는 기간에 걸쳐 일단위로 계산하여 펀드 자산에서 차감하는 보수로서 통상 '연X%'라는 식으로 표시되어 있다.

위험등급은 1등급부터 6등급까지 있다. 1등급 펀드는 변동성이 매우 크고 위험한 반면, 6등급 펀드는 변동성이 아주 작고 덜 위험하다고 할 수 있다. 주식에만 투자하는 주식형 펀드는 1~2등급이 대부분이고 3등급 펀드도 종종 있다. 출시된 지 3년이 지나면 표준편차라는 변동성 지수를 기준으로 등급이 산정된다. 예를 들어, 지난 3년 동안의 연간 표준편차가 25%를 넘으면 1등급, 15~25%는 2등급, 10~15%는 3등급이다.

→ 글로벌 펀드 예시 ←

글로벌 주식형 펀드는 투자할 수 있는 기업이 많은 만큼 그 종류도 각양각색이다. 이 가운데 대표적인 상품 몇 가지를 소재하고자 한다.

글로벌 주식시장은 미국, 서유럽, 일본 등의 선진시장, 그리고 한국, 인도, 브라질, 러시아 같은 신흥시장이 있다. 그 밑에 베트남처럼 시장 규모가 작은 프런티어 시장도 있지만 여기서는 논외로 하겠다.

선진시장에 투자하고 싶다면 가장 먼저 찾아야 하는 상품은 바로 '삼성 글로벌 선진국'이라는 펀드다. 이 펀드는 미국, 독일, 일본 등 23개 선진국에 투자하는 상품으로 3천 개 이상 종목에 분산되어 있다. 이 펀드는 미국의 DFA(Dimensional Fund Advisors)라는 회사에 위탁해 운용한다. DFA는 노벨경제학상 수상자인 시카고대 유진 파머(Eugene Fama) 교수와 다트머스대 케네스 프렌치(Kenneth French) 교수의 금융 이론, 즉 모든 투자정보는 이미 주가에 반영되어 있다는 철학을 기반으로 운용하는 저명한 회사다.

중국은 경제 규모는 세계 2위인데도 주식시장은 아직도 선진시장이 아닌 신흥시장으로 분류되고 있다. 따라서 선진시장에만 투자하는 상품에는 중국은 제외되어 있다. 만약 선진시장 뿐만 아니라 중국시장에도 분산하는 상품을 찾는다면 'KB 글로벌 주식솔루션 (UH)' 펀드가 좋은 대안이 될 수 있다. 이 상품은 미국 등 선진시장에 분산함과 동시에 경제 규모가 큰 중국과 고속성장하는 인도 등에도 분산한다. 아울러 펀드 이름 맨 끝에 UH(Un-Hedge)라고 표시된 것처럼 달러·원 사이의 환헤지를 하지 않는다. 그래서 매일매일의 환율 변동분이 펀드 기준가격에 반영된다. 통상은 글로벌 주식시장이 하락하면 원화 가치도 하락하는 경향이 있기 때문에 달러·원 환헤지를 하지 않으면 주가 하락 폭을 원화 가치 하락에 따른 환차익으로 일부 상쇄할 수 있다. 바로 이런 점 때문에 이 펀드에서는 환헤지를 하지 않는다.

다음으로 '피델리티 글로벌 배당인컴'이라는 펀드를 간략히 소재하고자 한다. 이 상품은 전세계 주식시장을 대상으로 고배당주 또는 앞으로 배당을 늘려갈 수 있는 종목 위주로 투자하는 펀드다. 고배당주는 해마다 높은 배당성향을 보이는 기업을 일컫는다. 배당성향은 이익 중에서 배당금으로 지급하는 비율을 뜻한다.

해외 고배당주 펀드 가운데 미국에만 투자하는 대표적 상품은 '한국투자 미국 배당귀족'다. 이 펀드는 미국에 있는 'S&P500 배당귀족(Dividend Aristocrats) 지수'를 추종해 운용한다. 이 지수는 25년 이상 매년 배당금을 늘려온 기업으로 구성되어 있다.

위 두 고배당주 상품에서 투자하는 종목들은 대부분 현금 창출력이 뛰어난 우량주들이다. 따라서 시장이 변동을 보이는 국면에서 비교 지수 또는 다른 일반적인 글로벌 또는 미국 주식형 상품보다 덜 하락하는 경향이 있다. 물론 성장주 펀드들이 급등하는 구간에서는 상대적으로 소외될 수도 있다는 점은 기억하면 좋겠다.

다음으로는 주식과 채권 외에도, 원자재 등의 대체 상품까지 다양한 자산군에 배분하는 EMP에 대해 간단히 안내하고자 한다. EMP(ETF Managed Portfolio)는 개별주식이 아닌 ETF(Exchange Traded Fund, 상장지수펀드) 위주로 운용하는 금융투자상품이다. 따라서 주식 부문은 전세계 각국 주가지수 ETF에 투자한다. 채권 부문은 선진국 국채와 회사채, 모기지증권, 인플레이션연계 채권뿐만 아니라 저등급 하이일드 채권, 신흥국 국채와 회사채 ETF 등 다양하게 투자한다. 대체투자 부문은 원유, 천연가스, 금(Gold)뿐만 아니라 리츠(REITs), 인프라 관련 지수를 대상으로 투자한다.

이와 같이 다양한 자산에 널리 분산하는 몇 가지를 예를 들자면, IBK 플레인 바닐라 EMP 다올KTB 글로벌 멀티에셋인컴 EMP, 키움 불리오 글로벌 멀티에셋 EMP 등을 꼽을 수 있다.

변동성이 높은 중국 시장에 투자하기가 부담스럽다면, 중국을 포함한 아시아 여러 나라에 분산하는 펀드도 생각해 볼 수 있겠다. 예를 들어 '피델리티 아시아'라는 펀드는 한국과 일본을 제외한 아시아 지역에 분산하는 상품이다. 한국에는 투자하지 않기 때문에 이미 국내 주식형 상품을 보유하고 있는 개인이라면 분산 차원에서 접근할 만하다.

'피델리티 아시아' 펀드는 중국, 홍콩, 인도, 호주, 아세안(ASEAN) 등 여러 나라의 저평가 우량기업 30~40개에 집중한다. 투자하는 종목 수가 많지 않지만 그만큼 운용역이 기업을 더욱 깊게 분석한다는 장점이 있다. 실제 이 펀드는 철저한 상향식 분석을 바탕으로 장기간 탁월한 성과를 거두었다. 여유 자금을 오래 묻어두기에 좋은 상품이라 판단하여 필자도 연금자산 일부를 이 펀드에 투자했다.

이밖에 아시아 지역 분산 펀드 몇 개를 간략히 소개하고자 한다. '삼성 아시아 배당주, 마이다스 아시아 리더스 성장주, 미래에셋 아시아 그레이트컨슈머 펀드' 등은 모두 중국을 포함한 아시아 태평양 여러 나라에 배분하는 펀드들이다. 각 상품의 이름에 해당 펀드의 고유 특징이 드러나있다고 보면 된다. 다시 말해 '삼성 아시아 배당주'는 고배당주를 많이 담고, '마이다스 아시아 리더스 성장주'는 성장성이 높은 종목에 더욱 초점을 둔다. 아울러 '미래에셋 아시아 그레이트 컨슈머'는 아시아 지역의 장기적 소비 성장 가능성에 무게를 두고 관련 종목을 고른다.

참고로, '에셋플러스 슈퍼아시아 리치투게더'라는 펀드는 한국, 중국, 홍콩에는 투자하지 않고 인도에 25~30%, 아세안(ASEAN)과 대만 등에 나머지를 배분한다. 아세안은 동남아시아국가연합을 일컫는 용어로 필리핀, 말레이시아, 인도네시아, 베트남, 태국 등이 포함되어 있다. 아세안에는 젊은 인구를 바탕으로 고성장을 구가하는 인도와 베트남이 모두 들어있다는 사실은 흥미로운 부분이다. 국내나 중국 주식형 상품을 이미 보유한 투자자가 타 아시아 지역에 분산하고 싶다면 이 상품을 고려해 봄직하다.

ELS 및 ELF

ELS는 Equity Linked Security의 약자로 직역하면 주가연계증권이다. 이는 특정 주가지수나 개별주식의 가격에 연동해 수익률이 결정되는 투자상품으로, 해당 주가지수나 개별주식을 기초자산(Underlying Asset)이라 부른다.

다음은 수년 전 필자 부부에 있었던 일화다.

"여보, ○○은행에 가보니 10%짜리 ELS가 있다는데 투자하고 싶어요."

"정말요? 혹시 개별주식과 연계된 ELS 아닐까요? 주가지수연계 ELS라면 쿠폰수익률이 그렇게 높지 않을 거예요."

"뭐라고요? 무슨 소리인지 말 모르겠지만 나 이거 가입하고 싶어요."

"으음… 정 그렇다면 많이 투자하지 말고 1천만 원어치만 가입해보세요. 그리고 개별주식과 연계된 ELS는 손실 위험이 크니까 하지 말고, 대신 주가지수와 연계된 상품인지 꼭 확인하고 투자하세요."

"알았어요."

며칠 뒤 아내가 ELS 통장을 들고 와서 필자에게 보여줬다.

맙소사! 통장을 보는 순간 아차 싶었다. 통장에 찍힌 쿠폰수익률은 10%가 맞았다. 그런데 기초자산은 주가지수가 아니었다. ○○전자와 ○○금융이라는 두 개의 개별 주식이었다.

아내는 기초자산이 무엇인지도 자세히 살펴보지 않고 높은 수익률만 보고 투자한 것이 틀림없었다. 이 때문에 2년 동안 마음을 졸이면서 ○○전자와 ○○금융의 주가를 살펴야 했다. 다행히 2년 후 원금과 더불어 총 20%에 이르는 이자 수익까지 얻고 끝났지만 출발이 좋지 않았기 때문에 아직도 기억에 남는다.

주가연계증권에 투자할 때에는 기초자산이 무엇인지 꼭 확인해야 한다. 기초자산이 개별주식이면 쿠폰수익률이라 부르는 기대수익률은 높지만 투자위험은 더욱 커진다. 반면, 수십 수백개로 이루어진 주가지수는 개별주식보다 변동성이 낮다. 따라서 주가연계증권 투자 경험이 많지 않은 투자자라면 개별주식이 아닌 주가지수를 기초자산으로 하는 상품부터 시작해보기 바란다.

한편 주가지수도 그 종류가 많고 특성도 각각 다르다는 점도 유념해야 한다. 주가연계증권에서 자주 활용하는 주가지수는 다음과 같다. 미국의 대표기업 500개로 이루어진 S&P500지수, 유럽의 주요 기업 50개로 구성된 EuroStoxx50지수, 일본 대표 종목 225개로 산출하는 Nikkei225지수, 우리나라의 시기총액 상위 200개 회사로 이뤄진 KOSPI200지수, 홍콩에 상장된 중국기업 50개 남짓으로 구성된 홍콩H지수, 중국 본토의 상해와 심천 시장에서 거래되는 300개 대표 종목으로 이루어진 CSI300인덱스 등이 있다.

이 가운데 변동성이 가장 큰 지수는 홍콩H지수다. 반면, 미국 S&P500지수는 구성 종목 수도 500개로 가장 많고 또 애플, 아마존, 구글, 테슬라 등 거대 기업들이 포진되어 있어 변동성이 낮은 편이다. 따라서 기초자산에 S&P500지수는 포함되어 있는 반면, 홍콩H지수는 제외되어 있는 주가연계증권은 그 반대인 상품보다 상대적으로 덜 위험하다고 할 수 있다.

우리나라에서 가장 많이 판매되고 있는 '스텝다운(Step-down) ELS'을 소개하면서 '조기상환배리어'라는 것에 대해 설명하고자 한다. 자주 출시되는 스텝다운 ELS는 일반적으로 만기가 2~3년이다. 하지만 만기가 짧은 편이 아니므로 통상 가입 후 3~6개월마다 조기에 상환받을 수 있도록 하는 가능성을 열어놓았다. 이를 전문용어로 '조기상환옵션'이라고 한다. 그런데 이 옵션은 실제로는 투자자가 선택하는 권리가 아니고, 기초자산의 가격이 사전에 정한 조건을 충족할 때에 한해 자동 조기상환되는 구조다.

예컨대, 기초자산은 S&P500, NIKKEI225, KOSPI200이고 만기는 3년이며 6개월마다 조기상환가능성을 열어둔 스텝다운 ELS의 조기상환배리어가 90(1차)-85(2차)-85(3차)-80(4차)-80(5차)-75(6차)라고 가정하자. 여기서 배리어 숫자가 계단처럼 내려간다고 해서 스텝다운이란 말이 붙은 것이다. 이 상품은 최초 가입 후 6개월이 지난 시점에 위 세 가지 기초자산 가격이 모두 투자시점 가격의 90% 이상이면, 즉 세 지수가 10% 넘게 하락하지 않으면 자동 상환된다. 제시된 쿠폰수익률이 연6%였다면 이 경우에는 1년을 채우지 못하고 반 년 만에 조기상환되었으므로 3%를 받고 종료된다.

하지만 투자 후 6개월이 되는 시점에 세 가지 기초자산 가운데 단 하나라도 가격이 10% 넘게 하락하면 조기상환되지 않고 그 다음 6개월 후를 기약해야 한다. 위에서 조기상환배리어 구조가 90(1차)-85(2차)-85(3차)-80(4차)-80(5차)-75(6차)이므로 2차, 즉 투자 후 12개월째 되는 시점에는 조기상환배리어는 85가 된다. 따라서 2차 때에는 세 지수 모두 15% 넘게 하락하지 않으면 조기상환되는 것이다.

여기서 한 가지 주의할 점이 있다. 만약 1~5차 모두 조기상환 조건을 충족하지 못하다가 마지막 6차에 만기상환에 성공하면 3년치 쿠폰수익률을 한꺼번에 몰아서 받게 된다. 이렇면 금융소득이 3년차에 몰려 자칫 금융소득종합과세에 해당되는 웃지 못할 일이 생길 수도 있다는 점을 유념해야 한다. 따라서 이런 불안 요인을 줄이려면 기초자산이 무엇인지 조기상환배리어가 어떻게 구성되었는지를 자세히 살피고 투자해야 한다.

이제부터는 주가지수연계 ELS는 언제 투자하면 좋을지에 대해 살펴보겠다. 적절한 투자시점에 대한 정확한 답이 따로 있는 것은 아니지만 통상 시장 전체의 변동성이 커졌을 때 가입하면 더욱 유리하다고 할 수 있다. 일반적으로 시장이 출렁거릴 때 발행되는 ELS는 쿠폰수익률이 높기 때문이다. 반대로 시장이 별 등락없이 안정된 흐름을 유지할 때 발행되는 ELS는 쿠폰수익률이 낮다.

그런데 여기에 함정이 있다. 주식시장이 급락해 변동성이 커지면 ELS는 쿠폰수익률이 높게 발행되지만, 일반 투자자들은 시장이 더 떨어질 수도 있다는 우려 때문에 선뜻 투자에 나서지 못한다는 문제가 있다. 예를 들어 홍콩 H지수가 10,000포인트 언저리에서 오래 안정적으로 움직이다 느닷없이 8,000포인트로 20% 폭락하면 놀라지 않을 사람은 없다. 따라서 이와 같이 시장이 갑작스레 하락할 때에는 개별 주식이든 주식형 상품이든 주가지수연계 ELS든 과감히 투자 결정을 내리기 쉽지 않다.

하지만 단기적으로 시장이 많이 흔들려 가격이 급락할 때에는 ELS 쿠폰수익률도 높고 이미 가격이 많이 하락한 상태이기 때문에 추가 하락에 대한 부담도 덜하다고 할 수 있다. 물론 개별주식은 얘기가 다를 수 있다, 특정 개별 종목은 그 회사 고유의 커다란 악재가 터지면 주가가 반토막이 날 수 있기 때문이다. 반면, 수십개 또는 수백개 종목으로 구성된 주가지수는 글로벌 금융위기가 아니면 50% 넘게 떨어지기 쉽지 않다.

결국 시장 변동성이 커진 시점에 발행되는 주가지수를 기초자산으로 하는 ELS는 높은 쿠폰수익률까지 제공한다는 점을 기억하자.
물론 기초자산이 무엇으로 구성되어 있는지, 조기상환배리어 구조
가 어떤지는 미리 꼭 살펴야 한다.

ISA
(개인종합자산관리계좌)

마지막으로 개인종합자산관리계좌라 일컫는 ISA(Individual Savings Account)에 대해 설명하고자 한다. 퇴직연금 외 절세형 금융상품이 더욱 드물어진 현실에서 세제 혜택이 있는 ISA는 꼭 관심을 가져야 하는 상품이다.

이유는 가입자의 소득요건이 완화되어 만19세 이상이면 누구나 (단, 금융소득종합과세 대상자는 제외) 가입할 수 있도록 대상이 대폭 넓어졌을 뿐만 아니라 의무가입기간이 5년에서 3년으로 단축되어 접근성도 더욱 개선되었기 때문이다. 더욱이 ISA 만기시 60일 이내에 만기자금을 개인퇴직계좌인 개인형IRP(Individual Retirement Pension)

로 전환입금할 수 있고 이때 전환 금액의 10%(연300만 원 한도)를 세액공제를 받을 수 있다.

ISA는 그 종류가 여러 가지이지만 개인들이 가장 부담없이 접근할 수 있는 상품은 일임형ISA다. 일임형ISA는 금융기관 전문가에게 맡겨 투자하도록 하는 ISA로서 통상 다양한 투자상품을 담은 포트폴리오 형태로 운용한다. 따라서 개별상품 하나만 투자하는 ISA보다 투자위험이 더 작아 금융시장이 출렁이는 시기에 더욱 안성맞춤이다.

포트폴리오 형태의 일임형ISA는 선진국과 신흥국의 주식과 채권, 그리고 리츠 같은 대체투자 상품까지 골고루 투자하는 글로벌 분산형이 일반적이다. 이처럼 국내외 여러 투자상품을 한 바구니에 담은 일임형ISA는 편입한 개별 상품의 이익과 손실을 서로 상쇄하므로 세금이 줄어든다. 더욱이 일정금액(200만 원~400만 원)까지 비과세 되고 나머지는 9.9%로 분리과세 되는 혜택이 있다. 통상 개별 금융상품을 따로따로 가입하면 각 상품에서 발생하는 이익이나 손실을 서로 상쇄시키지 않는다.

일임형ISA의 또 다른 장점은, 일정 기간마다 전문가가 알아서 포트폴리오 리밸런싱(Re-balancing: 재조정)을 해준다는 점이다. 다시 말해, 금융기관 투자전문가가 매 분기마다 포트폴리오에 담겨있는 여러 투자 상품을 자세히 살펴보고 필요에 따라 일부 상품을 넣거나 빼는 작업을 투자자 대신해서 실행해준다. 결국 일임형ISA는 글로벌 분산, 절세 혜택, 전문가 리밸런싱이라는 삼박자가 어우러진 일석삼조 포트폴리오 상품이다.

참고로, 일임형ISA는, 주식형펀드 같은 공격형 투자상품이 전체에서 차지하는 비중에 따라 고수익형, 적극수익형, 중수익형, 안정수익형 등으로 나뉘기도 한다. 공격적 투자자라면 주식자산 비중이 높은 고수익형도 시도해 볼 수 있겠지만, 투자경험이 많지 않다면 안정수익형부터 시작해보기 바란다.

주식투자 경험이 많지 않은 김 팀장은 어떻게 1년 만에 해외 투자로 성공했을까?

초판 1쇄 발행   2022년 8월 20일

지은이 ㅣ 오인석, 이승희
발행인 ㅣ 홍경숙
발행처 ㅣ 위너스북

경영총괄 ㅣ 안경찬
기획편집 ㅣ 안미성, 박혜민
마케팅 ㅣ 박미애

출판등록 ㅣ 2008년 5월 2일 제2008-000221호
주소 ㅣ 서울 마포구 토정로 222, 201호(한국출판콘텐츠센터)
주문전화 ㅣ 02-325-8901
팩스 ㅣ 02-325-8902

표지 디자인 ㅣ 김종민
본문 디자인 ㅣ 김수미
지업사 ㅣ 한서지업
인쇄 ㅣ 영신문화사

ISBN   979-11-89352-55-4   (03320)